PARA UMA PESSOA BONITA

Shundo Aoyama Roshi

PARA UMA PESSOA BONITA

CONTOS DE UMA MESTRA ZEN

Tradução de Tomoko Ueno

Palas Athena

TAIKOZAN
TENZUIZENJI
TEMPLO SOTO ZEN BUDISTA

ZENDO
BRASIL

Título original: *Utsukushiki Hito Ni*

Grafia segundo o Acordo Ortográfico da Língua Portuguesa de 1990, em vigor no Brasil desde 2009.

Coordenação editorial:	*Emilio Moufarrige*
Tradução:	*Tomoko Ueno*
Revisão técnica:	*Monja Coen*
	Otavio de Campos Lilla
Revisão de provas:	*Adir de Lima*
	Lucia Brandão
	Therezinha Siqueira Campos
Atualização ortográfica:	*Lidia La Marck*
Capa e projeto gráfico:	*Enkan Kaneaki Tada*
Foto da capa:	*Monja Heishin Gandra*
Editoração eletrônica:	*Maria do Carmo de Oliveira*

Catalogação na fonte do Departamento Nacional do Livro

R818

Roshi, Shundo Aoyama.
Para uma pessoa bonita : Contos de uma mestra zen / Shundo Aoyama Roshi.
– São Paulo : Palas Athena / Comunidade Zen Budista, 2002.
256 págs. : 16 x 23cm.

ISBN 978-85-60804-49-8

1. Budismo. 2. Zen-budismo. 3. Contos zen-budistas.
I. Título.

CDD: 294.3

7ª edição, setembro de 2020

COMUNIDADE ZEN BUDISTA ZENDO BRASIL
Rua Desembargador Paulo Passaláqua, 134 – Pacaembu
01248-010 – São Paulo – SP – Brasil
fone: (11) 3865-5285
www.monjacoen.com.br
email: zendobrasil@gmail.com

em coedição com

EDITORA PALAS ATHENA
Alameda Lorena, 355 – Jardim Paulista
01424-001 – São Paulo – SP – Brasil
Fone (11) 3050-6188
www.palasathena.org.br
email: editora@palasathena.org.br

ÍNDICE

TABELA DE PRONÚNCIA

		Português
shi	______	xi
chi	______	ti ou tchi
gi	______	gui
ge	______	gue
sha	______	xa
cha	______	tcha
shu	______	xu
chu	______	tchu
sho	______	xo
cho	______	tcho

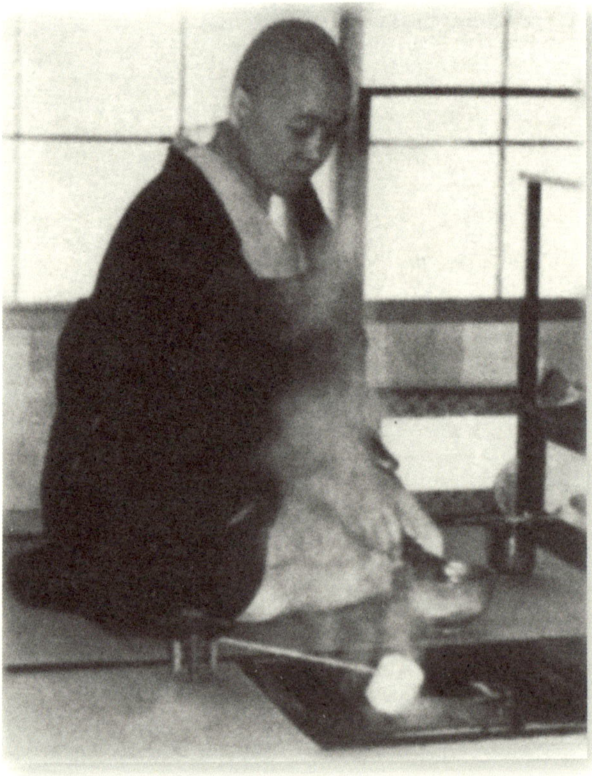

Buda disse no verso 21 do *Dhammapada*:

O esforço é o caminho da eternidade
a negligência é o caminho da morte
quem estuda e pratica com empenho
não morre jamais.
Quem indulge na negligência e
em diversões inconscientes
mesmo que ainda respire
já está morto.

PREFÁCIO

Certa feita, eu estava na sala de convidados da superiora do Mosteiro Feminino de Nagoia e aguardava por ela – Shundo Aoyama Docho Roshi.

Haviam colocado para mim uma almofada no chão, do lado contrário da almofada onde se sentaria nossa superiora. Entre nós duas, ficaria uma mesinha baixa de madeira. Eu cobri meu ombro esquerdo com o manto de Buda de sete tiras (*okesa*) e tranquilamente observava um raro arranjo de flores que ficava no *tokonoma* (nicho na sala). Deveria ser obra de nossa superiora ou de uma de suas discípulas de *ikebana*, pensei.

Quando Aoyama Docho Roshi se aproximava do aposento, já pude sentir suas pisadas macias e ouvir seus passos suaves. Levantei-me imediatamente. Sua assistente abriu a porta de papel, fazendo-a deslizar para o lado direito.

Abri meu *zagu*[1] e respeitosamente, com as mãos em prece, me ajoelhei e abaixei a cabeça até o chão, elevando ambas as mãos, com as palmas abertas para cima, até a altura de minhas orelhas. Repeti o gesto lenta e suavemente por três vezes. A superiora respondeu à última saudação e sentou-se de costas para o *tokonoma* sobre uma almofada macia.

Em poucos dias seriam celebrados os 110 anos do Mosteiro Feminino de Nagoia – Aichi Senmon Nisodo –, que fora fundado por quatro monjas pioneiras.

Aoyama Docho Roshi comentou:

"Coen-san, seja bem-vinda. Saiba que eu havia convidado formalmente os abades responsáveis pelos mosteiros-sede de Eiheiji e de Sojiji, bem como o superior-geral administrativo. Pensei que mandariam telegramas de congratulações. Para minha surpresa, todos os três estarão aqui."

Em seguida relatou que, havia poucos meses, o abade superior do Mosteiro de Eiheiji, que estudara com ela na graduação de estudos budistas da Universidade de Komazawa, telefonara ao mosteiro. Ele estaria na cidade e gostaria de vir visitá-la. Com alegria, ela marcou um horário conveniente aos dois.

Aoyama Docho Roshi estava certa de que o antigo colega de estudos passaria apenas para compartilhar do chá da tarde. Entretanto, quando entrou na sala vestida de maneira simples, qual não foi sua surpresa ao ver o mestre Zen de Eiheiji – o cargo mais alto da nossa ordem – todo paramentado e fazendo prostrações até o chão em direção a ela.

Zenji viera pedir por ensinamentos. Que ela o ajudasse a desvendar os mistérios de alguns textos sagrados da nossa ordem, deixados pelo mestre fundador Eihei Dogen Zenji (1200-1253).

Conversaram por mais de duas horas e ele, antes de sair, novamente a reverenciou profundamente.

Nessa ocasião também fiquei sabendo que ela se tornara Mestra de Preceitos nas grandes cerimônias de Transmissão dos Preceitos dos maiores templos e mosteiros de todo o Japão. Foi e é ainda a primeira e única monja da nossa curta história de oitocentos anos a receber tal posição.

Alegre por saber do reconhecimento de minha mestra pelos mais elevados escalões da tradição Soto Shu, agradeci com prostrações profundas por me haver convidado às festividades.

No dia das celebrações o mosteiro estava em festa. Arranjos de flores, feitos com a arte da mestra se espalhavam pelos pontos principais. Todo o mosteiro havia sido devidamente limpo e todas as monjas estavam em seus postos. Os convidados foram chegando e tomando seus lugares.

Foram várias cerimônias seguidas e ao final os dois *zenjis* – abades superiores dos nossos mosteiros principais de Eiheiji e de Sojiji – fizeram um pequeno discurso, com palavras de congratulações.

O abade de Eiheiji abriu sua fala dizendo:

> "Eu vim aqui por causa de Aoyama Docho Roshi. Eu a conheço há muitos anos e sei que ela é uma verdadeira mestra Zen, capaz de formar monjas e monges, leigas e leigos. É por conhecê-la que vim até aqui. Não conheci as monjas fundadoras e pouco sei da história deste mosteiro, mas sei quem é Shundo Aoyama Docho Roshi."

Essas palavras ficaram gravadas em meu coração.

O livro que agora apresentamos nesta segunda edição foi escrito por uma das mais brilhantes mentes do zen-budismo da nossa era. Fizemos pequenas alterações e revisões, mas mantivemos vivas as palavras sábias e ternas com que nossa superiora sempre nos transmitiu o Darma de Buda.

Espero que você também, assim como eu, possa se inspirar nesta leitura e possa se tornar uma pessoa verdadeiramente bela. Afinal este livro é para uma pessoa bonita.

Mãos em prece
Monja Coen
(novembro de 2019)

AGRADECIMENTOS

A Shundo Aoyama Roshi, que me presenteou com a agradável incumbência de traduzir sua obra.

A Hindenburg Brasil Cabral Pinto da Silva pela ajuda e incentivo na tradução.

A Tomoko Ueno, que aceitou esta difícil tarefa de traduzir e a cumpriu em prazo recorde.

A Enkan Kaneaki Tada, praticante Zen há muitos anos, artista plástico renomado, que nos presenteou com a arte gráfica deste livro.

À Associação Palas Athena, que me tem amparado e encorajado desde meu retorno ao Brasil em 1995 e que me recebeu durante oito meses em sua sede, cedendo graciosamente espaço para aulas e meditação. Desse relacionamento fortuito agora pudemos coeditar *Para uma Pessoa Bonita*. Que alegria tem sido trabalhar com pessoas ligadas à Palas Athena, associação que lidera há mais de 30 anos a caminhada para o estabelecimento de uma Cultura de Paz neste país.

A todos aqueles inumeráveis seres que, de uma forma ou de outra, contribuíram com seu incentivo, trabalho, espaço, tempo, carinho, silêncio e ternura para a compleição deste livro.

A todos os bons relacionamentos do passado, presente e futuro e às boas causas e condições que nos permitem, a todos, acessar esta ligação com o Caminho Iluminado.

A todos os Budas e Bodisatvas através do espaço e do tempo.

Maha Prajna Paramita (Grande Sabedoria Completa).

A você que agora torna esta obra viva inserindo-a em sua vida.

Monja Coen

PRÓLOGO

OUVIR A VOZ DO VALE

A água do rio flui sempre, sem cessar. Flui rápida, não para um só instante e se vai. Seu murmúrio evoca em mim o eco do tempo.

A água do tempo brilha no leito do Universo, sempre correndo, fluindo. Pedras, árvores, casas e cidades também fluem vagarosamente nesta correnteza, assim como os pensamentos, as civilizações, nossas vidas e a vida de todos os seres. Tudo isso pode parecer imutável, mas na verdade essa ideia não passa de uma ilusão.

Apenas nós, seres humanos, acreditamos erroneamente que tudo é imutável. Esforçamo-nos para não sermos levados pela correnteza e lamentamos por tudo o que se vai. No entanto, mesmo sofrendo e desdobrando-nos para evitar, caindo sete vezes e nos levantando oito, não há como parar o fluir, que envolve também nossa dor e nossa luta.

Ao invés disso, é melhor ver as coisas como são e nos juntarmos a essa correnteza, com suavidade. Apenas assim poderemos encontrar prazer na fugacidade das coisas, uma vez que é justamente essa fugacidade que tece as mais diversas figuras na tapeçaria da vida.

Quando o *shijo*[2] anuncia o início do *zazen*[3] e tudo está em silêncio, a voz do rio é alta e clara. Durante a caminhada *kinhin*[4], seu som se atenua. E ao final da meditação, ao som do *chukai*[5], a voz do vale desaparece completamente. É muito interessante. Por que será? O som do rio do vale aumenta, diminui, desaparece, mas não é o rio que muda. Quando as ondas de nossa mente se acalmam, podemos ouvir o sermão sem palavras da água, das gotas, da erva, das árvores, dos seixos e das montanhas nos ensinando a transitoriedade de todas as coisas. Quando surgem pensamentos, todos se calam. Na verdade, eles não deixam de falar; nós é que perdemos a capacidade de ouvi-los.

O que acontece com nossos ouvidos também acontece com nossos olhos. Quando o olhar da mente é límpido, vemos tudo como realmente é, de modo natural. Mas assim que os olhos se distraem com objetos externos, não vemos mais. Perdemos a capacidade de ver corretamente. Sons e imagens nos atacam, nos arrastam, nos puxam. Coisas que deveríamos ver, não vemos. Coisas que deveríamos ouvir, não ouvimos. Não é assim?

Se escutarmos o rio sem atenção, a água que corre parece ter um ritmo constante e ininterrupto. Entretanto, nenhuma gota d´água passa duas vezes sobre a mesma pedra. Não é nunca a mesma gota que forma o leito do rio ou o murmúrio da correnteza. A imutabilidade é apenas uma ilusão dos olhos e dos ouvidos humanos. Uma vez que tenha passado, a água não corre nunca mais no mesmo ponto do rio.

A vida humana não é diferente. Acreditar que ontem é igual a hoje é resultado de nossa ignorância e insensibilidade. São nossas mentes e nossos olhos deludidos que veem o passado igual ao presente. Os olhos iluminados veem claramente a imagem das coisas em eterno movimento e reconhecem que um instante é diferente de qualquer outro.

Escrito durante a participação no Nehan Sesshin[6] (retiro em memória à morte de Shakyamuni Buda, realizado todos os anos em fevereiro) no Mosteiro-Sede de Eiheiji[7], em Fukui[8].

CAPÍTULO I

O CAMINHO PARAMITA

Quero me tornar uma pessoa bonita

Todos os dias e em todos os momentos, as pessoas caminham sem se dar conta de que revelam no rosto e no corpo tudo aquilo que já viveram. Esse desnudamento pode ser embaraçoso e até mesmo assustador. Que coisa terrível!

Desde nosso nascimento, tudo o que pensamos e falamos, todas as nossas ações e intenções, tudo isso molda nosso corpo, nossa mente, nosso ser. Basta um simples olhar e toda nossa caminhada, etapa por etapa, nitidamente se revela para aqueles que sabem ver.

Depois dos quarenta anos de idade, somos responsáveis por nosso rosto. Teria sido dito por Lincoln?! De fato, é por volta dos quarenta anos que a face e o corpo, esculpidos lentamente desde o nascimento por cinzéis invisíveis, revelam o que nem roupas, nem maquiagem podem esconder.

O professor Aizu Yaichi[9] escreveu certa vez a um conhecido: "Meu caro amigo: em cada circunstância, agindo e pensando com tranquilidade, atenção e o coração em paz, espero tornar-me uma pessoa bonita". São palavras comoventes. Também eu desejo ardentemente envelhecer desse modo.

Vento celestial

De repente, o canto sutil e penetrante de um passarinho realça o silêncio. Meus braços param de arar a terra e olho para cima, em direção às árvores. O vento da tarde que desce a encosta dos Alpes Japoneses remove agradavelmente o suor da minha testa. Surge em meu corpo inteiro a alegria de estar viva, de poder trabalhar.

Uma velhinha, que saíra para um passeio, comenta ao passar: "Hoje o vento está frio, não está?" e volta apressadamente para sua casa aquecida.

> ***Qual casa não é visitada pelo brilho da Lua e em***
> ***Qual morada não sopra a brisa pura?*** (Hekigan Roku)[10]

A Lua projeta sua luz sobre todas as casas e uma doce brisa envolve cada morada. Depende de nós se a recebemos como brisa ou como vento gelado. O problema, no entanto, não é o vento em si, mas aquele que este encontra em seu caminho. Alguém me disse que o vento frio é chamado de vento celestial.

Séculos atrás, durante a dinastia Tang[11], quando o monge Joshu[12] perguntou ao mestre Zen[13] Nansen se deveria continuar perguntando pelo Caminho, Nansem respondeu: "Se intencionalmente o procura, estará separado dele".

O que chamamos de felicidade, céu, Buda ou iluminação, não pode ser buscado fora de nós mesmos. Já o somos, já está naturalmente em nós, mas precisamos percebê-lo.

Faz barulho porque não está completo

Quando fui convidada para uma cerimônia do chá em um certo templo, ao esperar na antessala, notei pendurada no *tokonoma*[14] a pintura de uma cabaça com as palavras do mestre Zen Takashina Rosen[15]: "Faz barulho porque não está completo".

Fiquei emudecida diante do humor que ali se escondia, e, como se houvesse levado um golpe dolorido de um bastão, sem perceber exclamei: "Uh!".

Uma cabaça cheia até a boca não tem som quando sacudida, mas se houver um pouco de saquê[16] no fundo, fará barulho. Os seres humanos são como cabaças: a pessoa sábia, iluminada, é tranquila em qualquer circunstância, como se nada a perturbasse. Exaltar-se, justificar-se e se lamentar são provas de falta de conteúdo. As palavras verdadeiras do mestre Zen nessa pintura nos tocam profundamente.

Certa vez, tive essa mesma compreensão ao descer um córrego em uma canoa. Na nascente, onde a água é rasa, a superfície é agitada e barulhenta. Perto da foz, onde o riacho se torna profundo, a superfície é calma e tranquila, fluindo silenciosamente.

Sempre que começo a me sentir inquieta, lembro-me das palavras do mestre Takashina Rosen.

Mutuca

Estava em meu quarto conversando com uma mulher que me dizia encontrar-se em uma situação difícil, que pensava até em se suicidar, quando entrou de repente uma mutuca. Tentando sair, a mutuca bateu violentamente contra a janela e caiu por terra, atordoada. Depois de um certo tempo, retomou o voo e continuou a se bater repetidamente contra o mesmo ponto, tentando sempre sair.

Lembrei-me então do mestre Zen Fugai[17] e contei a ela a seguinte história:

Quando o mestre morava em um templo quase em ruínas, em Osaka, recebeu a visita de um milionário que veio lhe falar de seus problemas. Nesse momento, uma mutuca entrou e começou a se bater contra a janela. O mestre observava atentamente a mutuca, não parecendo prestar atenção às dificuldades do homem rico. Impaciente, o visitante falou com ironia: "Parece que o senhor gosta muitíssimo de mutucas".

O mestre Zen respondeu:

"Desculpe, sinto muito, mas estou com pena da mutuca. Este templo é conhecido por seu estado de ruína, com buracos por todo lado. Embora esteja livre para sair voando por qualquer fresta, esta mutuca continua batendo a cabeça sempre no mesmo lugar, como se fosse a única saída. Se continuar assim, acabará morrendo. Mas não é só a mutuca que causa pena, não é?"

Amar

Certa vez dei de presente a uma mestra uma lembrança que havia escolhido com cuidado durante uma viagem, esperando que ela se alegrasse. Eram folhas de papel colorido. Ela me surpreendeu, dizendo:

"Na verdade, isto não serve para mim, mas o aceito porque poderá servir para outra pessoa".

"Já que vai dá-lo a outra pessoa, eu nem deveria lhe presentear", falei sem pensar.

Naquele instante, percebi que eu era incapaz de dar sem reservas. Aí estava eu, expondo totalmente meu lado feio e desagradável, apegada não só às minhas coisas, mas também àquilo que não era nem meu. Nem soube ficar satisfeita por ela o ter aceitado e não fui capaz de dizer: "É todo seu, faça como achar melhor: dê para alguém, passe adiante".

Assim que percebi isso, juntei as palmas e agradeci, pensando: "Obrigada. Se não tivesse estudado budismo, não teria nunca reconhecido meu apego à posse. Sou mesmo bem-aventurada". O poeta indiano Tagore diz em um de seus cantos: "Que meu amor não seja um fardo para você. Amo-a porque quero".

Além de ser capaz de amar e dar incondicionalmente, Tagore era tão sensível a ponto de cuidar para que seu amor não fosse um peso para sua amada. Enrubesci. O ponto que o coração do grande poeta alcançava é onde o meu ainda não havia chegado. Que vergonha!

A medida

"Roubam seus sapatos porque você os deixa juntos. Se colocar cada sapato separadamente, um aqui e outro ali, ninguém os roubará." Esta frase foi dita por um senhor na sala de espera masculina de um encontro Zen. Era um funcionário da polícia. Acredito que tenha ouvido esse conselho de um preso. No início, pensei que era uma ideia realmente estranha. Mas imediatamente, ao escutar essas palavras, me dei conta de que, tendo aprendido desde pequena a colocar os sapatos sempre juntos, estava estupidamente convencida de que não era possível guardá-los de outro modo.

"No mundo existem outras formas de pensar", refleti maravilhada.

Dizem que em algum lugar de Kyushu[18], há vários séculos, existia uma aldeia povoada apenas por ladrões. Se tivesse nascido nessa aldeia, naquela época, talvez pudesse ter-me tornado uma ótima ladra e talvez houvesse ensinado as melhores técnicas para roubar e não se deixar roubar, como, por exemplo, deixar cada pé dos sapatos separado do outro.

Pensei na boa influência de ter nascido em uma família religiosa e ter sido educada por monjas budistas. Também percebi que cada pessoa julga as coisas de acordo com sua própria medida. Deveria portanto ter a humildade e a compreensão de não insistir em impor meus julgamentos aos outros.

No lugar do outro

Uma senhora, que vinha com frequência e grande alegria praticar *goeika*[19] em nosso templo, um dia faltou. Na reunião seguinte perguntei a causa de sua ausência e ela respondeu:

"Ah, *sensei*[20], estava toda feliz para sair quando chegou uma visita e me perguntou: 'Está de saída?' Se eu dissesse que sim, ela iria embora, não iria? Teve todo trabalho de vir, seria pena que voltasse. Então eu lhe disse: 'Acabei de chegar. Você veio no momento certo. Entre, por favor, fique à vontade'. E por isso não pude vir ao templo".

Fiquei comovida e abaixei a cabeça. Se fosse comigo, o que teria dito?

"Ah, desculpe, você veio até aqui, mas estou de saída". Ou então:

"Estava saindo, mas, por favor, entre. Se me atrasar um pouco não tem importância", ou qualquer coisa do gênero. Sempre tendo eu mesma como centro.

A consideração daquela senhora pelos outros me serviu de alerta e me fez abaixar respeitosamente a cabeça.

Você é pai, mas ao mesmo tempo é filho

Há uma história sobre o mestre Zen Bankei[21], que fundou uma escola muito particular no período Edo (1603-1867).

Um dia, uma senhora visitou o mestre Bankei para se lamentar de sua nora. O mestre ouviu suas lamúrias com toda a atenção, como um mata-borrão branco suga a tinta fresca – parecia concordar com tudo o que a senhora dizia. No entanto, depois acrescentou: "A sogra também foi nora um dia".

A mulher, que já havia expressado plenamente suas mágoas e reclamações, aceitou as palavras do mestre com muita docilidade. Ele havia lhe mostrado que também ela tinha um dia sido uma nora.

"Não pense que sua nora é uma pessoa totalmente diferente de você. O caminho que ela percorre atualmente é o mesmo que um dia você percorreu. A vida dela hoje é o que a sua própria já foi no passado."

Depois de alguns dias, foi a vez de a nora vir reclamar da sogra.

O mestre Bankei, após escutá-la com toda a atenção, lhe disse:

"A nora um dia será a sogra. Não pense que sua sogra é uma pessoa totalmente diferente de você. Ela percorre o mesmo caminho que um dia você percorrerá. Ela é você mesma, sua vida futura. Se você perceber que ela é sua própria vida, não haverá por que se lamentar tanto, não é?"

Essas palavras acalmaram o coração da nora.

Quando percebemos que todos compartilhamos a mesma vida – irmãos, irmãs, pais e filhos – podemos trocar de posição uns com os outros, de sogra para nora e de nora para sogra.

O mestre Dogen[22] tinha uma visão bastante ampla sobre esse assunto, que abrangia até mesmo os objetos inanimados. Em sua obra *Tenzo Kyokun*[23], afirma: "Pense que as panelas são você mesmo", ou "Veja que a água é sua própria vida", ou ainda "Trate todos os seus utensílios cuidadosamente, como se fossem seus próprios olhos". Tudo está vivo no vasto oceano do mundo do Darma[24].

No entanto, ainda que eu procure viver minha vida de acordo com esses ensinamentos, quando me pergunto se realmente estou praticando os preceitos de Buda, percebo que estou muito longe desses nobres exemplos. Tudo o que descubro é meu desagradável egocentrismo. Entretanto, se não tivesse estudado o budismo, não teria nem mesmo me dado conta disso.

Praticando além do eu

Nos templos Zen, se diz: "Quando toca o *hou*[25], vá para o refeitório. Quando toca o sino, vá para a sala do Darma". O som do *hou* é o sinal para a refeição; o toque do sino é o aviso para a leitura dos sutras[26]. Os mosteiros Zen se movem através dos sons dos instrumentos, dos sinais acústicos. Quando se ouve um destes sinais, devemos obedecê-los imediatamente.

Ainda que estejamos empenhados em algum trabalho, ao ouvir o toque do instrumento obedecemos imediatamente, mesmo que isso signifique deixar nosso serviço inacabado.

Parece simples, mas na realidade é muito difícil. Poderemos pensar: "Falta só um pouquinho para terminar" ou "Agora não posso parar". Mas é exatamente aqui que se manifesta nosso egoísmo, que se preocupa apenas com nossas opiniões pessoais e nossa própria comodidade. O que "eu" estou fazendo, o que "eu" penso, o que "eu" quero – tudo isso vem à cabeça.

Sempre digo às *unsui*[27]:

"Os sinais são ordens categóricas. Quando a morte vier lhes buscar, é possível dizer 'espere um pouco'? Ouvindo os sinais, devemos dizer 'sim' sem hesitação, sem pensar em nosso próprio eu. Esta é a postura correta."

O mestre Dogen dizia: "Pode-se fazer tanto *zazen* que o chão venha a se quebrar, mas se não formos além do ego, o *zazen* não serve para nada".

Monges são ótimos amigos

O Shakyamuni Buda[28] dizia: "Ter ótimos amigos e estar em boa companhia não é metade do caminho, não é parte do caminho, é o próprio caminho". Ele enfatizava assim a importância de ter bons amigos. O mestre Dogen também escreveu no *Shobogenzo Zuimonki*[29]: "Mesmo os estudantes de Zen que não tenham muita disposição em buscar o Caminho, apenas por estarem próximos a bons praticantes, acabam por criar bons relacionamentos e enfim podem ver e ouvir como eles. Os bons amigos estão conosco, não importa quão sofrida e solitária seja a prática".

Essas palavras mostram a docilidade, a sabedoria e a compaixão de mestre Dogen, que se colocava sempre no plano das pessoas comuns, mesmo daqueles de fé mais fraca.

O caractere "*so*" em japonês deriva do sânscrito "*sangha*"[30] e quer dizer "grupo harmonioso". Uma pessoa apenas não é chamada de *so*, não pode formar uma *sangha*. Shakyamuni Buda, conhecendo a fraqueza humana, não aconselhava a prática solitária.

Sozinhos não conseguimos nos empenhar verdadeiramente, nem mesmo por apenas uma hora, em *zazen*. Se, por outro lado, o fizermos com outras pessoas, podemos praticar o *zazen* por três dias, ou mesmo durante um retiro de uma semana, ou até dedicar toda nossa existência à vida monástica. Pode parecer que o *zazen* seja uma prática solitária, mas isto não é verdade. Não podemos ter sucesso sozinhos. Como dizia o mestre Dogen: "A prática é a força do grupo". A perseverança de todo o grupo sustenta a prática de cada um. É por isso que dizemos que "os monges são ótimos amigos".

Reverenciando aqueles que despertaram para o verdadeiro caminho, seguindo os ensinamentos de Buda, mantemos a prática constante em nosso dia a dia, sustentados por nossos amigos monges que compartilham de nossas aspirações. Quando doentes, sou doente. Quando pobres, sou pobre. Bem no meio da doença e da pobreza, ou de qualquer situação que surja, confiamos nos Três Tesouros: Buda, o ser iluminado; Darma, seus ensinamentos; e Sangha, a comunidade harmoniosa de praticantes. São os Três Tesouros que nos permitem praticar. Existe alguma felicidade maior do que esta?

Para sair siga a correnteza

Todos os anos, quando dentre as folhas verdes surgem os primeiros frutos da ameixeira, lembro-me da frase: "A ameixa amadureceu".

Há muito tempo, viveu na China um mestre Zen chamado Daibai Hojo[31], cujo nome significava "a grande ameixa do eterno Darma". Depois de estudar com o mestre Baso Doitsu[32], isolou-se nas montanhas distantes e por mais de trinta anos perseverou na prática do *zazen*. Ele usava um manto feito de folhas gigantes de lótus, que cresciam abundantemente em um brejo, e se alimentava apenas de sementes de pinheiro.

Certo dia, chegou à sua cabana de eremita um monge que havia se perdido, perguntando-lhe como sair da montanha e chegar à aldeia mais próxima. Daibai respondeu:

"Siga a correnteza e saia", ou seja, basta seguir o curso do rio para sair das montanhas.

A poetisa Wariko Kai[33] escreveu o seguinte poema:

Há rochas
Há raízes de árvores
Chuá chuá chuá chuá
Só chuá chuá, água fluindo

Pensando de modo egocêntrico, chegaremos a desejar que as rochas e as raízes não existam. No entanto, se mudarmos o ponto de vista, poderemos perceber que as rochas e raízes integram a paisagem de maneira deslumbrante. É justamente por sua causa que o rio se torna atraente. A visão das ondas nelas se fragmentando está além de qualquer descrição.

As rochas, raízes e respingos d'água são aspectos da grande natureza. A alegria, a raiva, a felicidade, a tristeza e todos os sentimentos humanos enfeitam a nossa vida. Percebendo isso, podemos viver serenamente, aceitando tudo o que acontece, e conseguimos fluir como a água. Que simplesmente corre, acomodando-se a todas as formas, sem se apegar a nada.

O apetite também é uma bênção

Ao final de um encontro de *zazen*, que organizo todos os anos durante o verão em nosso templo, acompanhei no carro o grande professor Kosho Uchiyama Roshi[34]. A monja T sentou-se no banco do passageiro, ao meu lado, e exclamou com entusiasmo:

"Ah, as maçãs estão começando a ficar vermelhas! Os tomates parecem muito gostosos!"

O Roshi a ouvia com um sorriso no rosto, e disse:

"Você tem razão... por mais que a natureza nos abençoe com alimentos, se não tivermos apetite, não servirá para nada."

Fiquei surpresa e meu coração se abriu para uma nova percepção. Eu, que sou gulosa, pensava que, tendo alimentos, poderíamos apreciá-los a toda hora. Acreditava que o apetite era uma coisa natural, com a qual podíamos contar sempre. No entanto, descobri que até mesmo o apetite é uma bênção. Ainda que muitos alimentos saudáveis fossem colocados ao lado da cama de um doente terminal, e mesmo que este soubesse que se alimentar lhe faria bem, sem apetite, não poderia comer nem mesmo um grão de arroz. Por outro lado, com apetite, o corpo pode manter-se até mesmo com uma papa aguada de arroz, com um pouco de sal e gergelim.

Mais importante do que ter ou não ter alimentos é a felicidade de ter apetite, pensei comovida.

O florescer da ameixeira abre a primavera

Quando se imagina o paraíso ou a felicidade, o que geralmente vem à mente? Em primeiro lugar, podemos pensar que o dinheiro traz a felicidade. Que, se tivéssemos dinheiro, todas as nossas dificuldades seriam resolvidas. Assim, muitas pessoas correm atrás do dinheiro... dinheiro, dinheiro, dinheiro, toda a vida, terminando por morrer escravas do próprio dinheiro. Mas é possível ser realmente feliz, possuindo apenas dinheiro? Penso que não. Quantas tragédias são causadas apenas pelo dinheiro!

Goethe dizia: "O dinheiro de que alguém precisa durante sua vida não é muito. Desejar mais é apenas cobiça".

Nossos desejos são como escadas infinitas; se pensarmos que a felicidade ou o paraíso está em atingi-los, então não poderá existir felicidade em lugar algum, não é? Com a fama é a mesma coisa.

Todos acham que é melhor ser rico do que pobre. Todos preferimos viver com saúde, em vez da doença. Também preferimos o sucesso ao fracasso. No entanto, há momentos na vida em que, por mais que se trabalhe, não se tem nem mesmo o que comer. Não importa o quanto não desejemos a doença: uma vez que nos atinja, temos de aceitá-la. Mesmo que ela nos leve à morte, não temos como escapar.

Não importa quanta habilidade e autoconfiança tenhamos, um dia também fracassaremos.

A felicidade que depende daquilo que se possui, ou daquilo que se quer atingir, é apenas uma felicidade condicional, parcial, não a verdadeira felicidade.

Sempre está tudo bem, não importa o que aconteça. Se adoecer, seja apenas um doente. Se ficar pobre, seja apenas pobre. A não ser que se aceitem as circunstâncias presentes, a felicidade nunca poderá ser alcançada. Na verdade, o paraíso está nas mãos de todos os seres; é a felicidade de se viver plenamente tudo aquilo que a vida nos traz. Já que não podemos evitar os problemas, o melhor é encarar qualquer situação de braços abertos, com gratidão, percebendo que a doença ou a pobreza também nos ajudam a encontrar uma postura correta perante a vida.

Isso é muito importante. Se alcançar essa atitude, em qualquer hora, lugar ou circunstância, você estará sempre no céu.

O mestre Dogen dizia: "A ameixeira desabrocha a primavera". Não disse "no início da primavera". O desabrochar da ameixeira é a própria primavera. Compreendendo isso, percebemos que "não existe nenhum lugar que não seja a primavera".

Estamos todos na palma da mão de Buda

Todos nós – percebendo ou não, sejamos bons ou maus – sempre, em qualquer lugar, seja lá quem formos, estamos todos vivos na palma da mão de Buda.

Ele olha por todos nós, aceitando-nos incondicionalmente e sem reservas, seja quando O elogiamos e agradecemos por Suas bênçãos, seja no momento que O criticamos, ou até quando dizemos que nem Buda nem Deus existem. Ser capaz de abraçar tudo e todos sem impor condições é ser Buda.

A história do macaco Songoku[35], que em sua nuvem dourada chamada Kinto voou até o fim do Universo, ilustra este fato. Mesmo a essa distância, ele não conseguiu sair da palma da mão de Buda. Isto é muito importante. Nenhum mal é capaz de nos tirar da palma da mão de Buda.

Shinran Shonin[36] dizia: "Não existe nenhum mal capaz de ultrapassar a promessa de Buda de salvar todos os seres". Pensamos que, se fizermos algo mau, seremos punidos, ou que nossas bênçãos dependem da quantidade de oferendas que fazemos. Mas isso são apenas ideias mesquinhas do cérebro humano. É claro que Buda não pode ser medido por nossas curtas inteligências. Se fosse assim, o que seria o Buda? E Deus, o que seria?

"A mesma água, quando bebida pela vaca, se torna leite. E quando bebida pela cobra, se torna veneno." Acho que estas palavras são do *Sutra do Nirvana*[37].

A mesma água pode produzir benefícios para uns e envenenar a outros. Tanto o leite quanto o veneno, na origem eram a mesma substância, não devemos nos esquecer disso. A vaca e a cobra não são seres distintos, e também não são diferentes de nós. Esta é a base última de toda manifestação, o princípio fundamental de todas as coisas. Somos todos iguais: todos, indistintamente, recebemos de Buda tanto a vida quanto a morte. Durante nossa existência, somos sempre observados e ajudados por Buda, em cada ação ou sentimento. Nascemos e morremos, andamos e paramos, sentamos e deitamos, ficamos alegres ou tristes. Inconscientes desta verdade, pensamos apenas em nós mesmos e nos separamos da grande força vital do Universo, agindo apenas de acordo com nossas opiniões pessoais e respeitando apenas nossos próprios gostos, nossos próprios ganhos e perdas pessoais. Tornamo-nos semelhantes às cobras venenosas.

Ao contrário, quando não nos separamos desta grande força vital, nos tornamos úteis como a vaca.

Mestre Dogen, para explicar isto, dizia: "Estudar o Caminho de Buda é estudar a si mesmo. Estudar a si mesmo é esquecer-se de si mesmo. Esquecer-se de si mesmo é ser iluminado por tudo o que existe. Ser iluminado por tudo o que existe é transcender corpo e mente, seu e dos outros. Nenhum rastro de iluminação permanece. A iluminação é colocada a serviço de todos os seres". Ele disse também: "Trocar o Darma universal pela conveniência pessoal é ignorância. Trocar a si mesmo pelo Darma universal é iluminação".

Quatro maneiras de ver a água

Uma criança de curso elementar escreveu o poema "O Pátio":

Quando brincamos no pátio da escola
Dizemos: "como é pequeno, como é pequeno!"
Quando juntamos as pedras para a assembleia da manhã
Dizemos: "como é grande, como é grande!"

Surpreendeu-me a inteligência da visão de vida dessa criança, que ainda estava no quarto ano da escola elementar. Sua poesia descreve perfeitamente o estado do ser humano comum.

Quando estamos completamente envolvidos naquilo que gostamos de fazer, dez horas podem parecer menos de uma. Mas quando temos de fazer algo de que não gostamos, uma hora pode parecer quase um dia. O poema demonstra a relatividade dos valores com os quais vemos e avaliamos as coisas.

Muitos anos atrás, durante o verão, estive hospitalizada por vinte dias. Depois de uma cirurgia abdominal, por quatro dias não tive nenhum apetite. No início me ofereceram suco, leite ou mingau. Pensei que, se não comesse um pouco, não me recuperaria e, assim, juntei toda minha coragem e tomei um pouco de leite. Porém, durante todo o dia pareceu que aquela pequena porção de leite estava grudada no meu peito. Ao lado da cama, se acumulavam garrafas de leite e suco.

Nesta ocasião, uma amiga veio me visitar. Enxugando o suor do rosto, notou as bebidas que eu não havia bebido e, em sonoros goles, deu fim rapidamente a duas garrafas de leite. Senti como se estivesse observando um estranho espetáculo. Tinha feito um grande esforço para tomar apenas um gole de leite e assim mesmo aquilo tinha permanecido em meu estômago durante todo o dia. Mas minha amiga tinha tomado facilmente as duas garrafas. Será que ela não se sentia nem um pouco mal?

No dia seguinte, outra amiga me trouxe algumas nêsperas. Descascou, cortou e colocou um pequeno pedaço em minha boca. Não tinha sabor nenhum; parecia mastigar areia. Aquele pequeno pedaço era suficiente. Minha amiga comeu então, com gosto, todo o resto que eu havia deixado e voltou para casa. Depois de três ou quatro dias sem nenhum apetite, cheguei a pensar que não havia nada delicioso em todo o mundo.

Alguns dias depois, uma outra amiga me trouxe um pudim caseiro. Em consideração a todo o trabalho que ela havia tido, resolvi experimentar um pedaço. Parecia que mastigava lixo. Novamente, pude apenas balançar a cabeça. Observava incrédula minha amiga comer todo o pudim com grande prazer e pensei: "Estou doente!" Isto era bastante óbvio, mas para mim foi uma grande descoberta.

"Assim é o mundo", disse para mim mesma. Quando nos damos conta de nossa própria situação – no caso, de estar doente – não há mais nenhum problema. Eu, quando percebi que não cheguei a esta compreensão sozinha e sim graças ao poder de Buda, juntei minhas mãos em gratidão.

Depois que minha amiga se foi, tentei, sozinha, no silêncio do meu quarto, analisar novamente essa experiência preciosa. Pensei: "Não tenho apetite. Tudo o que como é horrível, realmente horrível. Se o que eu como é tão ruim, também não pode ser bom para minha amiga. Não consigo entender como ela pode ter comido com tanto prazer!" Em resumo, eu media as outras pessoas pelo padrão da minha própria experiência, criticando-as se suas percepções eram diferentes das minhas.

Como cada um tem sua própria vida, é natural que existam inúmeras maneiras diferentes de entender as coisas. Apesar disso, cada um pensa que seu modo de ver é absolutamente correto e julga os outros de acordo com seus próprios critérios, acreditando que estão errados. São sempre os outros que estão errados. É aí que surgem os conflitos. É esta a realidade de nosso egoísmo medíocre e a verdade deste nosso mundo terreno.

No entanto, tanto nossa vida quanto o mundo poderiam existir em paz e harmonia se apenas conseguíssemos estar conscientes de nossa situação atual e nos dar conta de que nossas sensações, nossos modos de ver e pensar em um dado momento nunca são absolutos. Tudo isso depende de nossa limitada experiência passada e de nosso conhecimento falho, de nosso estado de saúde e nosso equilíbrio emocional em cada momento. Minha percepção era a percepção de uma doente.

Não devemos nunca esquecer que é a grande força de Buda que nos mostra se estamos doentes ou não, e que somos cada um diferente do outro, mesmo em nossos critérios de julgamento. Graças a minha doença, por não ter apetite, pude aprender esta lição crucial.

No budismo dizemos que há quatro maneiras diferentes de ver a água. A mesma água é vista pelos seres celestiais como uma joia preciosa, pelos dragões como um palácio, pelos espíritos famintos como pus e pelos seres humanos como água.

A Constituição em 17 artigos, promulgada pelo príncipe Shotoku[38], contém a seguinte passagem: "Se ele está certo, eu estou errado. Se eu estou certo, ele está errado. Nem tudo o que eu digo é divinamente inspirado. Ele tampouco é um imbecil. Somos ambos pessoas comuns".

Como seres humanos, somos incapazes de abandonar nossa visão mundana e possessiva das coisas, que nunca é perfeita. Se acreditarmos que nossa maneira pessoal de ver as coisas é absolutamente correta e persistirmos nisso, deixando-nos ser totalmente levados por nossos pontos de vista, então uma distância enorme nos separará da Terra Pura. A vida que se vive ao abandonar continuamente o próprio ponto de vista com tranquilidade, sob a luz inspiradora de Buda que nos ilumina serenamente, não é esta vida justamente o Nirvana[39]?

"A sombra do pinheiro depende da luz da Lua", nos diz um sábio. Graças à imensa luz de Buda, podemos reconhecer a escuridão de nossa própria sombra. Circundados pela luz divina, vemos tanto a parte clara quanto a parte sombria. É lindo isto que chamamos de maneira *zazen* de viver, não é?

Não se pode tecer um brocado com uma só cor

No dia da cerimônia do chá – o *kuchikiri* – quando a cada ano abrimos o recipiente que contém a produção anual, decidi pendurar na sala chá um quadro contendo uma poesia do mestre Oyama Sumita[40], o poeta de Matsuyama, em Shikoku, que nos foi dada a conhecer por Taneda Santoka[41]:

Um caqui sobra
árvore
na distante montanha, neve.

Depois de entrar na sala, os convidados começaram a apreciar o quadro. Uma pessoa então me perguntou o que significava o segundo verso.

De fato, os caracteres daquele verso não estavam corretamente alinhados e uma palavra estava incompleta: estava escrito "árvore", ao invés de "em uma árvore". Deixando de lado o beber e o comer, comecei a falar sobre os caracteres que o professor havia traçado de maneira tão despreocupada. Era como se as letras estivessem alegres e saltitantes, brincando como crianças, pulando da esquerda para a direita, de maneira desordenada.

Shuko Murata[42], fundador da cerimônia do chá, dizia: "Uma boa obra de caligrafia deve ser bem equilibrada: com a escrita irregular, a omissão de algumas letras e uma margem adequada ao redor. Se é assim, é uma boa obra. Quando a escrita é totalmente regular, sem nenhuma omissão, a caligrafia perde a alma e está longe da verdadeira beleza".

É mesmo paradoxal. Em geral, quando se aprende a caligrafia, procura-se escrever da maneira mais regular possível e, claro, sem omitir nenhuma letra. Nem sequer pensamos na possibilidade de escrever fora das linhas ou faltando letras. Os grandes mestres, entretanto, conhecem tanto o efeito da escrita irregular e da omissão quanto os limites da escrita regular e convencional.

Mas de onde vem esta ideia extravagante?

Shuko também dizia o seguinte: "Se não houver nuvens, o luar não é belo". O monge Kenko, que viveu cento e cinquenta anos antes de Shuko, escreveu em sua obra *Tsurezuregusa*[43]: "Falta beleza a qualquer coisa que esteja perfeita e meticulosamente em ordem". E também: "As flores não devem ser admiradas quando já estão totalmente abertas. A Lua não deve ser admirada quando não há nuvens". O abade Koyu[44] acrescentava: "Tentar fazer tudo perfeitamente é sinal de imaturidade. Justamente porque é imperfeito é belo. Pode melhorar". É uma ideia muito interessante!

Acreditamos que as flores só devem ser admiradas quando estão no auge de sua floração, e a Lua quando está cheia. Estes monges, por outro lado, admiram as flores em botão e também as pétalas depois que caem. Saboreiam também a nudez dos galhos durante o inverno. Apreciam mais a Lua enfeitada pelas nuvens que a Lua em um céu completamente límpido e claro. Admiram a lua crescente mais do que a lua cheia. Têm a paciência de esperar pelo nascer da Lua e a sensibilidade para lembrar-se dela com saudades depois que se pôs, quando já não se pode mais vê-la.

Sua postura respeita a natureza que flui sem cessar, aceitando com prazer todos os eventos deste mundo em constante mudança. E isto não se resume apenas à beleza da Lua, das flores ou da caligrafia.

Pode acontecer, por exemplo, a um pai de perder o próprio filho, criado com tanto carinho para desabrochar lindamente, antes mesmo que se forme em botão. E pode acontecer de um chefe de família adoecer de repente, no auge de sua produtividade.

A vida real segue independentemente de nossos desejos pessoais e de nossas expectativas. Como estão sempre ocorrendo os mais variados eventos, diversas emoções cruzam nossa mente: alegria, raiva, tristeza, prazer, amor, odio, aprovação, aversão, todas se entrelaçando.

A compreensão dos Ancestrais do Darma é de aceitar tudo o que acontece, sem nenhuma reserva, apreciando tudo incondicionalmente, vendo as coisas como elas são. Incluindo os problemas, as doenças e os fracassos. Se nos sentimos infelizes, então somos a infelicidade, apreciamos a infelicidade. Se fracassamos, então somos o fracasso, apreciamos o fracasso. Apenas assim podemos aproveitar tudo de uma maneira construtiva, absorvendo plenamente o melhor de cada experiência.

O mundo do budismo é o mundo do perdão, que abraça plenamente todas as nossas existências, sem excluir ou censurar nada, nem mesmo a incerteza. Vidas em que nunca conseguimos estar tranquilos e seguros, por mais que desejemos ardentemente a certeza e a segurança. Poderíamos então falar assim: "É divertido justamente porque a escrita é irregular e porque faltam algumas letras".

Isso me lembra das palavras do *Shoyo*[45]: "No antigo brocado, em que várias cores se entrelaçam, vê-se uma paisagem de primavera".

O nascimento, a velhice, a doença e a morte, como também a felicidade e a tristeza, o ganho e a perda, o amor e o ódio são todos fios para tecer nossa vida. Não se pode tingir o brocado da existência apenas com a tinta da felicidade. Cada tinta, tendo seu próprio tempo e lugar na vida, serve para criar esse brocado em que "se vê uma paisagem de primavera". Isto é, a Terra Pura, o Nirvana.

Uma dura experiência

"Abadessa, venha, por favor!" Era um grito urgente, em um tom de voz alarmado e apreensivo.

"O que terá acontecido?", pensei enquanto subia para o segundo andar. A porta do quarto das praticantes leigas estava aberta. O futon[46] e o chão de tatame[47] estavam sujos de sangue. Pegadas ensanguentadas seguiam da janela para o telhado.

No dia anterior, ao entardecer, uma mulher de uns trinta anos, de fisionomia muito angustiada, veio fazer *zazen*, acompanhada de sua velha mãe. Tinha vindo para o retiro mensal de três dias. Nosso mosteiro é um local de prática para monjas, mas durante os retiros de três ou cinco dias, que acontecem uma vez por mês, ou durante os encontros dominicais de *zazen*, também é aberto para leigas interessadas na prática do Zen.

No primeiro dia de *sesshin*[48], quando as participantes estavam sentadas voltadas para a parede, em meditação, andei pela sala verificando suas posturas. Caminhava rezando silenciosamente os sutras para as encorajar. Vi essa linda jovem, sentada em uma postura impecável. Que tipo de problemas e sofrimentos a haviam trazido aqui? O que teria acontecido em sua família? Certamente havia uma grande tempestade em sua mente, uma terrível confusão.

Mas sua postura em *zazen*, por detrás da qual suportava essa tempestade interior, me parecia realmente tranquila e bela. Era a própria encarnação de Buda.

Meu desejo era que ela pudesse fazer o *sesshin* durante três ou cinco dias, sem desistir. A força do *zazen* certamente teria conseguido aplacar essa tempestade. Quando a tormenta tivesse passado, quando seu coração estivesse mais calmo, ela conseguiria ver as coisas com mais claridade, como elas são. Talvez algum dia chegasse a ver que tinha sido a angústia que a havia trazido a este mosteiro e proporcionado este maravilhoso encontro com o Darma. Ficaria feliz por ter vindo e juntaria suas mãos, cheia de gratidão por esse terrível sofrimento. "Obrigada por ter vindo ao mosteiro. Coragem! Não se deixe vencer pela tempestade!"

Eu assim rezava, olhando suas costas eretas. Mas, naquela mesma noite, ela não participou do último período de *zazen*. Preocupada, pedi a uma antiga praticante que verificasse se estava tudo bem. Foi assim que descobrimos a cena.

Que grande sorte ter enviado justamente uma *unsui*, que antes de se tornar monja tinha sido enfermeira! Uma noviça mais jovem perderia os sentidos apenas ao observar um quadro tão horroroso quanto este. Mas a experiente monja disse: "O sangue perdido até agora não compromete sua vida. Ela deve ter tido medo de morrer ao ver o sangue e, quando ouviu meus passos subindo a escada, tentou fugir pelo telhado".

Era exatamente isso que tinha acontecido. Ela tinha escapado pelo teto do edifício principal para o telhado do edifício residencial. Com a ajuda da polícia, as monjas a salvaram e ela foi levada ao hospital por uma ambulância. Eu e outras *unsui* limpamos o sangue e arrumamos o local. Usamos quatro ou cinco baldes de água. Absorvíamos as manchas com panos, que depois lavávamos nos baldes. Mas por mais que trocássemos a água, esta imediatamente se tingia de vermelho.

Limpando os tatames, com as mãos sujas de sangue, e recitando em silêncio o *Hannya Shingyo*[49], pensei que as pessoas só batem à porta do budismo quando não conseguem mais escapar de um terrível sofrimento. Esta mulher, por sorte, havia conseguido bater e abrir a porta. Entretanto, ainda que tivesse feito *zazen* conosco e escutado os sutras, não tinha conseguido entrar completamente, caindo nessa trágica situação. A tempestade em seu coração não tinha sido acalmada, mas ainda assim ela havia feito *zazen* com seu corpo, com a postura correta, tinha segurado o *Shobogenzo* entre suas mãos e havia escutado os ensinamentos do Darma. Quando resolveu suicidar-se, à noite, estava cercada de vozes que recitavam o *Fukanzazengi*[50]. Agora seu sangue estava sendo limpo pelas mãos de discípulas de Buda. Nada disso é coincidência. É o carma[51]. Seu carma quis que um encontro entre nós pudesse plantar esta semente. E certamente uma semente enterrada desta forma há de germinar.

Lembrei-me então de uma parábola do *Hokekyo Nyorai Juryo Hon*[52]. Um dia, os filhos de um médico extremamente competente tomaram veneno. O pai, para curar seus filhos, preparou um remédio de ótimo sabor e ótimo aroma. Aqueles que tinham sintomas leves e que continuavam conscientes tomaram o medicamento com prazer e gratidão e assim se curaram. Mas aqueles que estavam gravemente intoxicados não tinham mais a mente lúcida e se recusavam a tomar o remédio, uma vez que não acreditavam que estavam doentes.

Desse modo, era preciso que o pai usasse um estratagema. Ele disse: "Filhos, preciso viajar a um país longínquo, mas deixo aqui um remédio que preparei para vocês. Caso tenham algum problema, por favor o tomem". E assim ele se foi. Enviou mais tarde um mensageiro para lhes dar a notícia de sua morte. Os filhos, dominados pelo desespero, finalmente tomaram o remédio que ele havia preparado e assim se curaram.

Esta história nos ensina como viver bem. A intoxicação é uma metáfora para a doença mental e o remédio é o símbolo que representa o ensinamento de como viver verdadeiramente a vida.

Às pessoas só procuram o Caminho quando são tomadas pela dor e pelo sofrimento. Quando sentem que não têm mais nenhuma saída, começam finalmente a ter dúvidas sobre a própria vida e, pela primeira vez, se perguntam se é mesmo assim que deveriam viver.

Tomar consciência da dor e da doença é o primeiro passo para encontrar o Caminho. É por isso que Buda colocou a dor em primeiro lugar nas Quatro Nobres Verdades[53]. Mas algumas pessoas, embora sofram terrivelmente, não batem às portas da religião. Aqueles que o fazem são realmente afortunados. Desejo que todos, guiados pela dor, possam romper a pequena casca do egocentrismo e sair para este mundo vasto, ao qual todos pertencemos.

Certa vez, ouvi a história de um homem que tentou se suicidar. Procurando um lugar para morrer, entrou em uma floresta e encontrou uma árvore onde podia pendurar uma corda para se enforcar. Mas, assim que começou a pender, preso apenas pela cabeça, suas sandálias caíram no chão e seus pés instintivamente começaram a buscar os calçados perdidos. Ele percebeu que uma parte de si estava tentando fazê-lo viver a qualquer custo, sem se importar com seu caprichoso e egoísta desejo de morrer. Assim, abandonou a ideia de se suicidar e se recuperou de sua crise.

Eiichi Enomoto[54] escreveu a seguinte poesia, intitulada "O empréstimo":

Esta conchinha não foi feita por mim
É obra do Céu e da Terra
Neste dia, naquele dia, a pego emprestada.

Nossa vida é um empréstimo do Céu e da Terra. Sem a ajuda das forças celestes e terrenas, não podemos viver nem mesmo um segundo. Não podemos falar, nem ver, nem mover as mãos e os pés, ou mesmo fazer funcionar o coração e o estômago. Se percebermos apenas isto, não poderemos mais nos matar.

Portanto, não nos resta senão unir nossas mãos, palma com palma, em agradecimento à infelicidade e à adversidade que nos fizeram descobrir essa maravilhosa verdade. São as situações adversas da vida que nos tornam mais próximos da imagem do próprio Buda.

Continuamos a limpar o sangue que havia penetrado no tatame e manchado o futon, rezando também para que aquela mulher se recuperasse e chegasse a alcançar essa compreensão.

Lembrei-me então de um verso do *Sutra Kannongyo*[55]: "Kannon Bosatsu[56] faz uma peregrinação pelo mundo *shaba*[57]".

Shaba é uma palavra sânscrita que significa "terra de penitência" ou "terra do suportar". É o mundo em que vivemos. De fato, o mundo dos mortais está repleto de sofrimentos e tristezas; ou seja, um mundo onde devemos viver suportando com paciência essas condições.

A compassiva Kannon Bosatsu não se intimida ao se misturar com as pessoas que sofrem, que esperneiam e que caminham sujas. Ela penetra o sofrimento e a tristeza e se empenha em salvar cada um de nós. Suas mãos se sujam com o sangue, com as pústulas e os excrementos humanos, mas Ela continua sempre a sorrir. Dizem que sente alegria apenas em nos salvar.

O caractere "*yu*" do termo "*yuge*"[58] (peregrinação) significa "divertimento".

Para se divertir, não precisamos de objetivos, ou de nada em troca. O prazer em si mesmo é a meta. Kannon Bosatsu sente prazer em salvar as pessoas, usando todo o Seu corpo, dotado de mil olhos e mil mãos.

Pensando nisso, dei-me conta de quão profunda é a compaixão de um Bodisatva.

Queimar sozinho

Nas manhãs frias de inverno, se tentarmos acender uma vela sem cuidado, o pavio não pega fogo.

Devemos primeiro derreter cuidadosamente a parafina ao redor do pavio, para apenas então tentar acendê-lo. Desse jeito a vela se acende tranquilamente, sem problemas, e continua a queimar sozinha, ela mesma derretendo a cera com o calor de sua chama.

Os seres humanos são como a vela. Nossa vida é como queimar uma vela.

No início, devemos ter um mestre que nos acenda. Depois, devemos aprender a queimar sozinhos, derretendo lentamente nossa própria cera, emanando luz e calor com nossas próprias forças.

Por mais que se tente "acender" alguém, se ele mesmo não quiser queimar, não há nada que se possa fazer.

Jukichi Yagi[59] diz em sua poesia:

Mesmo que procure, não existe.
Não há nada a fazer, nada a encontrar
A não ser aquecer-me sozinho.
Queimo meu corpo
Faço luz em volta de mim.

Não há outra maneira senão escolher nossa própria estrada na vida, caminhar com nossas próprias pernas. Não há ninguém de quem possamos depender, ninguém que possa nos ajudar. Temos de superar nossa dependência e nos sustentar por nossos próprios pés.

O passarinho azul

Procurando a primavera o dia todo,
não a encontrei.
Apoiando-me em meu bastão,
atravessei montanhas e montanhas,
e voltando para casa
segurei um galho de ameixeira.
Ali a encontrei: florescia em sua ponta.

É uma de minhas poesias preferidas. Se não me falha a memória, é de autoria do poeta chinês Dai Eki[60], da dinastia Sung.

Esse tipo de poesia deve ter sido escrito por vários poetas, em vários países. No Japão, uma canção de Wakayama Bokusui (1885-1928) exprime o mesmo estado de ânimo:

Montanhas e rios atravesso
em um país onde a solidão nunca termina
e continuo viajando.

Na Europa, encontramos a história infantil "O pássaro azul", de Maurice Maeterlinck.

Tanto no Ocidente quanto no Oriente, todos os seres humanos procuram incessantemente pela felicidade, em todas as épocas.

Muita gente acredita que a felicidade está no dinheiro e passam a vida atrás de bens materiais. Outros pensam que a felicidade está na fama, em uma boa saúde, nos filhos.

Mas para a maioria, a vida termina como um sonho incompleto, sem alcançar aquilo com que sonharam. Poucos compreendem que a verdadeira felicidade não está na satisfação de todos os nossos desejos mundanos.

Os desejos humanos sempre aumentam, sem limites. É impossível satisfazer a todos. Eventos desagradáveis e tragédias ocorrem. Mesmo que se trabalhe com afinco, a pobreza pode sempre chegar. Possivelmente não tenhamos nem mesmo o suficiente para comer. Por mais prevenidos que sejamos, a doença pode sempre nos atingir. Não temos como fugir dessas coisas. A doença pode nos arrastar para a morte e não conseguiremos escapar. Assim é a vida.

Se a felicidade consistisse na satisfação de todos os desejos, ela não existiria em lugar nenhum. A verdadeira felicidade deve ser independente de qualquer condição.

Acredito que a verdadeira felicidade nasça da força espiritual de dizer sempre: "O que quer que aconteça, não me abalará", aceitando assim qualquer situação, mesmo a pobreza extrema ou uma doença mortal. Este é o ensinamento que Buda Shakyamuni buscava, descobria e ensinava.

Buda também se tornou monge para atingir a felicidade. Passou a buscá-la incessantemente, a ponto de abandonar a vida mundana. Quando ainda pequeno, já era o príncipe do reino de Shaka. Desfrutava de toda a glória, poder e riqueza que se possa desejar. Sua mulher era a belíssima princesa Yasodhara e tinha também um filho, Rahula. Ainda assim, Buda abandonou tudo e saiu em busca do Caminho, vestido apenas com os mesmos trapos que cobriam os mendigos. Por quê?

Depois de anos, Buda disse a seu discípulo Anuruddha: "Não há ninguém no mundo que busque a felicidade mais intensamente que eu". E no verso 290 do *Dhammapada*[61], acrescentou:

Se, renunciando às pequenas alegrias,
desejar obter uma grande felicidade,
o sábio que aspira ao Nirvana
deve desistir dos ínfimos prazeres mundanos.

Não há nada a acrescentar

No Risshun, o primeiro dia de primavera de acordo com o antigo calendário lunar, enquanto colocava um galho de ameixeira no *tokonoma*, senti meu coração invadido pela alegria ao constatar que a primavera tinha finalmente começado a respirar. De repente, pareceu-me que essa sensação fosse o auge da felicidade.

De fato essa felicidade só pode ser experimentada por aqueles que repetidamente visitam a ameixeira durante o inverno, sob o vento gélido, esperando ansiosamente que surjam os primeiros botões. É também um sentimento que só pode ser vivido por aqueles que têm um jardim, ou campos, onde a Mãe Natureza assegura sempre a alternância das quatro estações.

Atualmente, nas floriculturas e quitandas, podemos encontrar sempre flores e verduras de todas as estações, cultivadas em estufas. As crianças que crescem em ambientes onde não há nenhum contato com a natureza não conseguem decifrar e sentir a promessa das flores primaveris que desabrocham no início da primavera, resistindo ao frio cortante, nem das flores que só abrem suas pétalas quando convidadas pelas brisas outonais.

Nas lojas – onde o ano inteiro encontramos toda a variedade de flores, verduras e frutas de qualquer estação, mesmo fora de época – basta pagar para conseguir qualquer coisa. Podemos adquirir de besouros a guarus; precisamos apenas pagar. Mas, dessa maneira, não conseguimos mais experimentar a emoção do primeiro desabrochar, nem as saudades e o carinho de nos despedir das flores que já estão caindo.

Em uma sociedade que caminha em direção à massificação, o homem vive à deriva, sem conhecer o maravilhoso sentimento de gratidão pela primeira colheita de tomates ou pepinos. Não podemos mais apreciá-los realmente, depois de os ter colocado no altar de Buda em sinal de agradecimento. Não há mais encanto em pescar um guaru com as próprias mãos em concha, vacilando contra a corrente. Muito menos em experimentar o pesar e a dor pelas pessoas que estão morrendo.

As crianças que crescem em um ambiente em que a terra não pode ensinar esses sentimentos, e onde tudo se compra com o dinheiro, não podem desenvolver sensibilidade e delicadeza.

Não é por acaso que se diz "Mãe Terra": isto mostra que também nós, seres humanos, somos filhos da Terra, filhos da natureza. Sinto um arrepio na coluna ao imaginar uma sociedade futura na qual a Terra seja constantemente saqueada, tornando-se um lugar hostil e árido. Como pudemos chegar a este ponto?

Tudo surge dos desejos egoístas dos seres humanos. Não temos paciência de esperar que a natureza nos dê tudo em seu devido tempo. Queremos contemplar nossas flores preferidas em qualquer época do ano, comer sempre as verduras e frutas que desejamos. A isso se junta a ganância daqueles que se prestam a atender tais desejos, sempre em busca de lucros, e daí surge a corrida do ouro. A ciência é utilizada sem nenhum controle para satisfazer esta avidez e, assim, a corrida se torna cada vez mais louca e acirrada. Terminamos por construir um mundo sem coração, em que existem apenas o materialismo e um pragmático espírito comercial.

No entanto, não podemos esquecer que também nosso coração, ao viver em um mundo tão artificial, acaba por se transformar em algo endurecido, sem emoções, como plástico.

Nesse coração de plástico, onde não há vida nem morte, não é possível entrar o ensinamento de Buda nem sua verdade, segundo a qual "viver e morrer é o Nirvana".

O mestre Uchiyama Kosho dizia frequentemente: "Porque o Caminho que existe é perfeito, não há necessidade de mais nada. Ele é completo e se basta tranquilamente a si mesmo. Apenas os seres humanos, infelizmente dotados da faculdade de pensar, querem sempre acrescentar alguma coisa. Desse modo, tudo fica bloqueado, como uma dor de barriga ou numa indigestão".

Nossa civilização é totalmente insensata, buscando apenas acumular mais e mais. Se não mudarmos nosso direcionamento, no futuro a Terra não será mais habitada pelos seres humanos.

Seguindo os ensinamentos de Buda, que nos mostra os princípios que regem o Universo, é preciso resgatar um coração que se emocione com uma flor apenas, que derrame lágrimas pela morte de um inseto. Um coração que ame não apenas a própria vida, mas também a vida dos outros. Um coração que aprecie a existência de cada elemento neste mundo.

Lindas palavras

Estamos acostumados a pensar que, para sermos elegantes, nos bastam as roupas, acessórios e cosméticos. Mas nos esquecemos sempre das palavras que usamos.

Se uma jovem vestida maravilhosamente dissesse apenas palavrões, até mesmo seu vestido perderia o encanto. O pior disso tudo é que a linguagem adquirida não pode ser alterada do dia para a noite.

O crítico contemporâneo Furuya Tsunatake disse: "Gostaria de saber amar palavras" e "Devemos estar sempre atentos à forma e às nuances de nossas palavras". A linguagem também tem sua própria forma.

Há pouco, uma amiga minha deixou este mundo. A notícia foi-me dada por outras duas conhecidas. Uma disse: "Ela morreu". A outra: "Ela se foi para sempre". Existe uma enorme diferença entre essas duas maneiras de comentar a mesma notícia. Provavelmente revelem mesmo diferenças de caráter entre essas duas pessoas.

"Ela morreu" expressa o acontecimento de forma burocrática, asséptica e fria, mesmo indiferente. "Ela se foi para sempre" traz consigo um profundo pesar e também a beleza de palavras cuidadosamente escolhidas.

É significativo que antigamente se usasse o termo "*kotodama*", que literalmente significa "o espírito das palavras", para mostrar que as pessoas acreditavam que aquilo que era dito se tornava realidade.

Devemos ter cuidado com as palavras, pois, como as fisionomias, elas revelam a personalidade de quem as usa. No entanto, palavras bajuladoras soam insinceras, falsas, feias. Palavras bonitas são palavras corretas, oportunas, cheias de amor. São as palavras que surgem naturalmente de pessoas realmente bonitas.

O mestre Kino Kazuyoshi[62], que muitas vezes esteve nos ensinando em nosso templo Muryo, disse um dia:

"Que suas palavras não sejam apenas ruídos". Ele tem toda a razão!

Nós, por outro lado, em geral pronunciamos apenas palavras sem sentido. Melhor seria se fossem apenas ruídos. Na realidade, muitas destas palavras pronunciadas levianamente infligem aos outros traumas pequenos, mas incuráveis. Em nossos discursos cotidianos, podemos ferir e ser feridos. Falamos e nos arrependemos, mas mesmo assim continuamos a falar.

Antes de falar, Buda sempre prestava atenção a três coisas. Primeiro, verificava se aquilo que estava por dizer correspondia realmente à verdade. Em seguida, considerava se suas palavras seriam mesmo benéficas para o ouvinte. Depois de considerar esses dois pontos, em seguida escolhia o local e a hora mais adequados para abordar o assunto. Em alguns casos, ainda que se tenha que dizer a verdade, é melhor calar. E se devemos realmente falar, muitas vezes provocamos consequências negativas apenas porque o lugar e a hora não foram escolhidos corretamente.

Buda era tão atento a esses princípios a ponto de os aplicar mesmo para pronunciar uma única palavra.

As palavras mais belas surgem naturalmente de uma vida pura e cheia de amor, como a de Shakyamuni Buda, e sua elegância está em preocupar-se realmente com o bem-estar do próximo.

Divertindo-se no caminho

O jardim de nosso templo é tão grande que devemos tirar as ervas daninhas quase todos os dias. Mas, na realidade, fazemos esse trabalho só de vez em quando. Somos sempre vencidos pela força vital dessas plantas; o trabalho que poderia ser feito em apenas um dia acaba tomando dois ou três, pois gastamos nosso tempo de maneira ineficiente. Se nos distrairmos, deixando que cresçam por um tempo, as ervas daninhas se multiplicam com uma velocidade inacreditável, invadindo completamente o jardim. Por este motivo, já cansada depois de tantas tentativas, decidi usar um herbicida, ao que até então sempre tinha resistido.

Devia ser um produto realmente muito forte. Durante um ano inteiro, não cresceu nem mesmo um fio de erva no jardim. Nem mesmo os musgos apareciam. Por muitos meses, depois de ter utilizado o herbicida, nada mais conseguiu crescer naquele solo estéril. Era muito triste observar sua coloração morta, sem nenhum rastro de verde. Aborrecida, pensei no egocentrismo e na arrogância humana.

Rezei para que as ervas daninhas voltassem a crescer, ainda que isso representasse novamente um grande cansaço e trabalho para cuidar do jardim. Mas não importava. Implorei: "Terra, boa terra, faça as plantas nascerem, posso ficar cansada a ponto de me derrubar. Volte a viver, minha boa terra".

No ano seguinte, as ervas daninhas voltaram a nascer. Os musgos também retornaram. Observei-os com gratidão, quase dizendo-lhes: "Bem-vindos, que bom que vocês voltaram!"

Apenas viver já é uma coisa maravilhosa. Naturalmente, na terra crescem não somente flores exuberantes, mas também ervas daninhas. Se no entanto aceitamos apenas as flores, demonstramos nosso egoísmo humano. As plantas não têm culpa nenhuma.

O mestre Dogen descrevia este apego, dizendo: "As flores ressecam ainda que as amemos; as ervas daninhas crescem ainda que as odiemos". Os seres humanos podem se tornar um inconveniente para o mundo vegetal.

Se, colocando de lado nossos critérios egoístas, pudermos observar as plantas com profundo amor, veremos que flores e ervas vivem todas maravilhosamente, recebendo suas funções corretas da natureza.

Também os seres humanos são como a terra. Ganhos e perdas, amor e ódio, alegria e raiva, alívio e dor, são todos provas de que estamos vivos. Cada um destes sentimentos e experiências são partes indispensáveis de nossa existência insubstituível.

Hideo Kobayashi[63] disse: "Basta uma folha de árvore para esconder a Lua". É claro, mesmo se algo minúsculo como uma folha se colocar na frente de nossos olhos, esconderá não só a Lua, mas o mundo inteiro.

Se, por outro lado, a observarmos de longe, uma folha permanece apenas uma folha, e não mais nos incomoda. Montes, rios, Lua e nuvens, vistos entre as folhagens, formam uma paisagem maravilhosa.

Quando pensamos em nossos problemas existenciais, não conseguimos observá-los com distanciamento. Sentimos que estão tão próximos de nós que não podemos mais ter uma visão panorâmica dos acontecimentos, não conseguimos descobrir o que está por trás deles e sofremos mais ainda. Mesmo um evento insignificante faz-nos perder todo o ânimo, a ponto de chegarmos a desejar a morte.

Por outro lado, qualquer coisa, vista de longe ou da perspectiva correta, torna-se mais uma parte agradável da paisagem da vida.

Purificar o coração

Uma vez, convidei setenta hóspedes de uma casa de repouso de Tóquio para visitar nosso templo.

Ele fica na montanha e existe apenas um espelho. De manhã, as velhinhas formavam filas para se arrumar. Parece que o desejo de ficar bonita não tem idade. Mas o que são os cosméticos? E o que é a verdadeira beleza?

Um belo rosto é um dom do céu, enquanto a maquiagem que mescla superficialmente várias cores cria apenas uma beleza artificial. Tanto a beleza natural quanto a artificial se vão com a idade. Com uma vida desregrada, perdem-se ambas ainda mais rapidamente. A maquiagem pode ser removida, ao se lavar o rosto. Creio então que a verdadeira beleza seja aquela que aumenta com a idade, e que não se perde nem mesmo com o passar dos anos, ou lavando o rosto diariamente.

Mas qual é seu segredo?

É purificar o coração. Que, por sua vez, não pode ser purificado apenas em um ou dois dias. Não pode ser feito em seis meses, nem mesmo em um ano.

Ouvimos frequentemente que as pessoas devem ser responsáveis por seu rosto depois dos quarenta anos. Porém, se descobrirmos isso um dia antes de nosso aniversário de quarenta anos, já será tarde demais. Nosso rosto revela tudo aquilo que vivemos até essa idade.

Por todos estes anos, um cinzel invisível esculpiu este rosto em cada momento da vida, dia e noite. A raiva, a tristeza, a alegria e a lamentação, tudo está marcado, tudo deixou um sinal. No entanto, este rosto é meu. Nada disto pode ser apagado facilmente, nem mesmo com a maquiagem.

Parece que Akiko Yosano[64], poetisa da Era Meiji[65], não era muito bonita em sua juventude.

Diz-se, porém, que se teria tornado esplêndida em seus últimos anos. Graças a sua vida dura e intensa. Apaixonou-se pelo poeta Tekkan e fugiu de casa com ele, dedicando-se à poesia e à literatura. Criou seus numerosos filhos na extrema pobreza, encorajando também seu marido em seu trabalho. A devoção intensa transformou o brilho de seu rosto do ouro que resplandece para a beleza da prata, solene e clássica.

Se fizermos nosso melhor a cada dia, vivendo com atenção, poderemos envelhecer com grande beleza.

Agora você está no ápice de sua juventude

"Chegou o Ano-Novo e agora estou um ano mais velho. Acho que estou chegando no final da minha vida, abadessa. Não é algo agradável. Meu corpo já não me obedece mais, tenho dificuldade para me mover. Não tenho mais memória e me esqueço de tudo. Não é um bom sinal!"

Desse modo me falou um velho senhor que conheci na sala de conferências de uma universidade para a terceira idade, onde tinha ido dar uma palestra. Esquentando minhas mãos com uma xícara de chá, respondi-lhe o que sempre digo a mim mesma: "Eu também começo a perceber os sintomas do tempo que passa. As pernas e as costas enfraqueceram, esqueço-me de tudo... é horrível. Mas de qualquer maneira, é inútil reclamar, lembrando de um tempo em que a memória funcionava bem, ou então argumentando que não é possível que as coisas sejam assim. Como não podemos voltar a ser jovens, nem mesmo a memória podemos recuperar. Lamentar-se não serve para nada, por isso é melhor não o fazer. Precisamos mudar de perspectiva: olhar para a frente e não para trás. Procuro sempre viver deste modo: se olhar para o que ainda me resta para viver, sou jovem. Em uma hora, estarei uma hora mais velha. Amanhã, ainda mais velha. Por isso, devo viver o melhor possível neste exato momento".

Os velhinhos que me circundavam disseram então: "Era exatamente isto que queríamos ouvir!"

Quando se envelhece, é difícil fazer planos para o futuro e então tendemos a pensar apenas nos dias que já se foram. Quem já teve momentos serenos, e no presente não está tão bem, tenta esquecer-se de sua infeliz situação atual lembrando-se dos velhos tempos. E quanto mais feliz foi o passado, mais se sente deprimido.

Por outro lado, pessoas que tiveram uma vida triste ou da qual se envergonham, esmagadas pelo peso das recordações, quase não conseguem ficar em pé.

Mas é melhor não carregar um peso tão inútil. Por maravilhoso que tenha sido o passado, de nada nos servirá se não pudermos ver o presente de maneira positiva. Nossas experiências nos afetam, para o bem ou para o mal, dependendo de nossa atitude em relação ao presente.

Devemos viver lembrando sempre que as experiências do passado fizeram o presente mais rico. Não existem experiências inúteis ou sem sentido. Nosso passado é um patrimônio que podemos usar para viver melhor. São os nutrientes que nossa mente absorve e transforma naquilo que somos hoje.

Os jovens, por outro lado, tendem a sonhar apenas com o futuro, impacientemente.

Pensar no futuro é importante para que possamos direcionar nossa vida. Mas quando o peso de nossa vida pende totalmente para o futuro e não podemos sequer prestar atenção ao que acontece neste momento, perdemos totalmente o equilíbrio e não conseguimos nem mesmo ver o futuro, de tanto que sonhamos. Para realizarmos o futuro, precisamos viver bem o presente, a cada momento.

Em uma de suas poesias, o poeta chinês Kanzan[66] escreveu:

Nossa vida nem sequer alcança cem anos
e ainda assim damos abrigo a milhares de preocupações.

De uma preocupação nascem inúmeras outras e, assim, estamos sempre cheios de inquietudes.

Ainda que tenhamos saúde, por exemplo, nos preocupamos frequentemente com a doença. E quando estamos doentes, pensamos no que poderia piorar. É como se tivéssemos dez doenças ao mesmo tempo. Perdemos o apetite de tanta ansiedade, pioramos por conta própria e ainda causamos preocupações aos outros. Não sabemos nem mesmo adoecer apropriadamente!

Se por acaso ficamos doentes, então sejamos apenas doentes. Sem fugir, sem nos enganar, enfrentando a doença com a postura correta, acolhendo-a de braços abertos. A doença nos abre as portas para uma nova vida, que não podemos enxergar enquanto estamos saudáveis. Desta maneira, até a doença pode se tornar agradável e gratificante. Podemos ver claramente a enorme bênção que é a vida.

Quanto mais conhecemos a dor, mais reconhecemos esse fato.

Com esta postura é possível aceitar os momentos de doença, transformando a experiência do mal-estar em um valioso recurso. Não é isto viver o *zazen*?

Depois de almoçar com os velhinhos, continuando a tomar o chá, falei:

"Por exemplo, até mesmo em relação ao chá dentro de uma xícara existem diversos modos de ver a realidade. Existe uma grande diferença se digo "sobrou só um pouco" ou "ainda há um pouco", não é? A primeira postura é passiva, negativa e triste. A segunda é ativa, positiva, otimista. Se mudamos só um pouquinho nossa maneira de ver, a vida muda radicalmente, não é mesmo?"

Uma vez li um texto de autoria da poetisa Setsuko Kurobe[67], que falava sobre a mãe de uma criança portadora de uma grave paralisia congênita.

O menino gostava de desenhar. Na verdade, não conseguia fazer nada além de desenhar. Mas sua mãe não se referia em nenhum momento aos milhões de coisas que a criança não podia fazer. Comentava alegremente aquilo que ele podia fazer.

A poetisa, que também tinha o braço direito paralisado, em seu desespero foi encorajada por um médico, que lhe disse: "Você tem a mão esquerda. Treinando, com certeza conseguirá escrever. Aliás, conseguirá escrever bem melhor, com uma caligrafia bem mais bonita do que a das pessoas que podem usar as duas mãos e, por isso, não se preocupam em se esforçar". Ela conclui seu livro com estas palavras: "Procuro sempre pensar naquilo que posso fazer e não naquilo que não posso fazer". Nunca me esquecerei destas palavras. Uma situação terrivelmente trágica, observada de um outro ponto de vista, pode até mesmo se tornar um motivo de celebração.

Ouvir o vento entre os pinheiros

Quando o telejornal transmitiu os festejos de reinauguração do Templo Todaiji[68], em Nara, surgiu na tela a imagem de uma lanterna votiva feita de bronze, considerada tesouro nacional, que se encontrava na rua principal de acesso ao templo. Observando a imagem de um pequeno flautista, gravada na lanterna, lembrei-me de Sodo Yokoyama Roshi[69].

Certa vez, tive a honra de encontrar o Roshi Yokoyama em um programa da TV NHK chamado *Ensinamentos com o apito de capim*. Depois de nossa conversa, que foi transmitida durante o horário religioso, recebi uma carta de um espectador, que dizia: "Ouvi sua conversa com Yokoyama Roshi e me pareceu bela e profunda como uma obra de arte".

Yokoyama Roshi, durante toda sua vida, admirou profundamente um poeta de Nagano, chamado Toson Shimazaki[70], e o parque Kaikoen, "o parque da nostalgia do passado", onde sempre tocava o apito de capim. Foi ali onde terminou sua vida, vivida sob o signo de uma sorte singular. Nunca me esquecerei de suas palavras, quando o visitei em Kaikoen:

"Quando disse a uma criança que se podia tocar o apito com qualquer folha, ela me perguntou se se podia também tocar com folhas de pinheiro. Eu respondi que as folhas de pinheiro, quem as toca é o vento. A voz do vento que assobia entre as folhas de pinheiro é o som mais belo que existe.

Não é necessário que eu toque as folhas de pinheiro. O vento se encarrega disso. Que as toque eu ou o vento não tem importância, é a mesma coisa. Até quando uiva o vento, é sempre obra do Universo.

Por menor que seja a voz, é sempre a voz do Universo. Até mesmo o silêncio tem seu timbre, ainda que não o possamos ouvir; e a montanha também tem sua voz particular, uma voz de montanha".

Depois que o Roshi se foi, no parque Kaikoen as árvores e as plantas, com o vento do Universo, continuam a tocar e cantar. Mas me pergunto se os visitantes atuais do parque conseguem perceber nesses sons a voz do Universo, a voz de Buda e o eco do apito de Yokoyama Roshi.

O vento está em toda parte, mas não tem forma, nem voz. Para que o possamos reconhecer, é necessário senti-lo soprando sobre nossa pele, movimentando plantas, árvores, nuvens ou uivando. Não podemos sequer ver o outono, escutá-lo ou pegá-lo com as mãos. Mas podemos perceber sua presença pelas folhas que mudam de cor, pelas espigas de milho que se tornam douradas. Podemos senti-lo nas vozes dos insetos que cantam à noite, ou nas chuvas que caem em silêncio. Podemos prová-lo nas maçãs ou caquis maduros.

O céu e a terra são o corpo e a voz de Buda, manifestando-se por meio da forma e da voz de todas as coisas. Como disse o professor Muneyoshi Yanagi[71] em seu livro *Shinge* (Poemas do Coração), escrito no final de sua vida: "Buda é o nome do que não tem nome". Buda, na realidade, não tem nome nem forma. Justamente para isso vivem todas as coisas, das árvores a um fio de grama, de uma telha a uma pedrinha. Cada coisa nesta Terra e no Universo é a manifestação do corpo e da voz de Buda.

A Natureza-Buda tem inúmeros aspectos. E, de acordo com as causas e condições, se manifesta às vezes no vento que sopra entre os pinheiros e outras vezes naquele que infla as velas dos barcos. Faz nascer homem ou mulher. Pode ser encontrado no mal ou no bem, na feiura ou na beleza. Cada coisa deste mundo, qualquer que seja sua aparência, manifesta a vida de Buda.

Como Songoku, que não podia sair da palma da mão de Buda de jeito nenhum, assim é para nós. Cada vez que me vem a presunção de pensar que posso viver apenas com minhas próprias forças, lembro-me da poesia de um menino de cinco anos:

Quando digo: "Língua, mova-se!"
minha língua já se moveu.
O que guiou minha língua antes de mim?

A força que move nossa língua, antes que lhe possamos dar o comando, é uma energia que trabalha sem parar até durante o sono, quando nos abandonamos completamente. É a mesma força que faz desabrocharem as flores e relincharem os cavalos.

Conscientes disso ou não, estamos todos envoltos pelos grandes braços de Buda e não podemos viver, nem morrer sem seu poder. Esta energia, na verdade, não tem nome nem forma. Para simbolizá-la, criamos nossas imagens de Buda e Bosatsu. E como as crianças sentem a necessidade de chamar as mães de "mamãe", da mesma forma temos as imagens de Amida Buda[72] e Kannon Bosatsu. E no entanto todas as coisas, não apenas as estátuas, são a manifestação de Amida e representam as transformações de Kannon Bosatsu.

Durante um dia muito quente de verão, o mestre Zen chinês Hotetsu[73], da Montanha Makoku, usava um leque, abanando-se para se refrescar. Um jovem *unsui* se aproximou e perguntou:

"A natureza do vento é a eternidade e ele pode ser encontrado em toda parte. Então por que o mestre usa este leque?"

O mestre respondeu: "Você conhece o significado da natureza do vento, isto é, a eternidade. Mas não conhece ainda o significado de dizer que ele pode ser encontrado em toda parte".

Quando o *unsui* perguntou qual seria então o significado dessa expressão, o mestre não fez nada além de continuar a se abanar com o leque, em silêncio.

Este gesto de abanar-se em silêncio com o leque é admirável, porque mostra uma atitude de aplicar os ensinamentos de Buda em cada momento da vida.

Por mais que seja claro, em teoria, que somos uma manifestação da Natureza-Buda, se não praticarmos os ensinamentos, não nos tornaremos verdadeiramente o Caminho. E, no entanto, a Natureza-Buda se manifesta em nós independentemente de nosso conhecimento, consciência ou prática dos Preceitos. Exprime-se em nossa vida cotidiana. Por exemplo, quando tratamos com cuidado cada gota d'água ou cada planta, ainda que contra nossa vontade ou obrigados por outra pessoa; da mesma maneira, se vivemos uma vida ascética, se nos ocupamos de alguma coisa com devoção, mesmo nos trabalhos domésticos.

Uma gota de orvalho, onde quer que pouse – seja sobre uma bela flor ou sobre o esterco – brilha da mesma maneira, refletindo os raios de sol da manhã. É realmente uma grande alegria empenhar-se em práticas que brilham como o orvalho, em qualquer situação, para perceber a Natureza-Buda eternamente presente em todos nós.

Há aproximadamente duzentos anos, Masumi Sugae[74] visitou o Templo Muryo, em que vivo, e dedicou à estátua principal de Amida esta poesia:

Quando em frente a Buda
perguntei Sua idade infinita
ouvi a resposta na voz do vento entre os pinheiros.

Cada vez que leio esta poesia, meu coração se renova e tento ouvir o som do vento entre os pinheiros. Precisamos sempre tentar ouvir este som no pinheiral de nosso coração, vivendo plenamente cada instante.

Abrir os olhos

Aproveitando o tema "a montanha", que o imperador havia escolhido para o encontro anual de poesia durante a festa de Ano-Novo no palácio imperial, pendurei no *tokonoma* de nosso templo um quadro em que estava escrito: "A sós sentado no Pico Dai Yu".

Durante a dinastia chinesa Tang (618-907), um monge budista visitou o mestre Zen Hyakujo[75], que morava no Pico Dai Yu, e lhe perguntou qual era a coisa mais maravilhosa do mundo. O mestre respondeu: "Sentar-se sozinho como uma grande montanha, exatamente como eu estou fazendo neste momento no Pico Dai Yu, praticando o *zazen*".

O que estou fazendo agora? Não é esta a pergunta mais importante para direcionar nossa vida?

A menos que seja um santo, quem poderia responder a esta pergunta sempre sem se envergonhar do que está fazendo?

Às vezes pode acontecer de não fazermos nada por preguiça, ou de perdermos totalmente a calma. Que modo miserável de desperdiçar a vida! E é ainda pior se não temos consciência disso. Apesar de tudo, continuamos envelhecendo a cada ano que passa.

Um menino chamado Sunaga escreveu uma pequena poesia:

No pátio da escola de Furukawa Koga
no meio do Japão, circundado pelo Oceano Pacífico,
pelo Mar de Okhotsk, pelo Mar do Japão e pelo Mar da China Oriental,
neste exato momento
eu estou brigando.

Que grande briga este menino estava travando! Quantos adultos saberiam dizer: "Eu, neste lugar minúsculo como um grão de pó neste enorme planeta, sinto raiva e discuto por uma razão insignificante". E quantos adultos podem ver sua própria imagem durante a briga? Se pudéssemos nos olhar com mais distanciamento, sentir-nos-íamos como se sentássemos sozinhos no cume de uma grande montanha, porque nos observaríamos com os olhos de um outro Eu. Este olhar é o olhar de Buda.

A negligência é o caminho da morte

Há quase trinta anos, um dos praticantes de meu templo me presenteou com um quadro que continha a imagem de Fudo Myo[76], do ilustre artista Ryo Miyahara[77]. Miyahara era um dos melhores artistas de seu tempo, conhecido como um dos mais fecundos pintores de temas budistas. O quadro ficou muito tempo esquecido em um canto, quando dele me lembrei. Preparei-o para ser pendurado no *tokonoma* e pedi ao pintor que escrevesse seu nome e assinasse o estojo onde estava guardado. Na ocasião, o artista já com 77 anos, me confessou: "Pintei este quadro há mais de quarenta anos. Ele não é apresentável, em hipótese alguma. Envergonho-me muito. Se fosse meu, eu o queimaria". Depois de alguns dias, me escreveu uma carta, dizendo: "O caminho da arte é infinito. Só há uma coisa a fazer: trabalhar com diligência".

Fiquei muito surpresa em descobrir seu extremo rigor em relação a si mesmo e sua profunda humildade em relação à arte. Para o pintor, que tinha consagrado toda sua vida à arte, dedicando cada hora de seus dias a esse esforço, a evolução de seu estilo de quarenta anos atrás para os dias de hoje devia ser realmente algo notável, totalmente inimaginável para o leigo.

Buda disse no verso 21 do *Dhammapada*:

O esforço é o caminho da eternidade,
a negligência é o caminho da morte,
quem estuda e pratica com empenho
não morre jamais.
Quem indulgencia a negligência e as diversões inconscientes,
mesmo que ainda respire,
já está morto.

Devemos valorizar todos os momentos da vida. Quem não faz nada além de comer e dormir a vida inteira, vegetando sem nenhum objetivo, torna-se "uma máquina humana de fabricar excrementos", como disse Kodo Sawaki Roshi[78], de maneira muito satírica. Uma vida assim pode ser vivida até por gatos ou cachorros. Mas é realmente degradante, um imperdoável desperdício passá-la assim.

Nosso critério para julgar se alguém está vivo ou morto é a respiração. Mas no *Dhammapada*, o texto budista que indica "o caminho da virtude", Buda falava da vida e da morte em um nível muito mais elevado.

Aqueles que, desenvolvendo a tarefa que lhes foi confiada pelo céu, se esforçam com todo o coração para se tornarem seres ideais, ainda depois da morte de seus corpos continuam a trilhar o caminho da imortalidade. Existem muitos tipos de tarefa, mas o esforço de ganhar muito dinheiro, conquistar a glória ou mulheres não está entre aqueles previstos pelo budismo. Aqueles que, embora tenham um corpo jovem e cheio de vitalidade, passam o tempo inutilmente, cheios de indolência, não são diferentes de um esqueleto esbranquiçado, largado em um campo. Existem pessoas que vivem como se um dia tivesse o mesmo valor de cem anos, e outros para quem um século inteiro não passa de um dia. Alguns, buscando tudo o que é supérfluo, se ocupam sem cessar, enquanto outros se degradam vivendo na ambição. Cada um tem seu modo de viver. Entre tantas possibilidades, gostaria de viver pelo menos um único dia de maneira a satisfazer o coração de Buda.

Aceitando a doença e o fracasso, acolhendo o vento e as ondas dos problemas da vida exatamente como são, gostaria de crescer espiritualmente e me tornar mais profunda e mais lúcida a cada dia. Gostaria de viver cada hora como se fosse um dia inteiro.

Buscar a si mesmo

Em uma tardinha de primavera, trinta jovens casais foram passear em uma floresta, divertindo-se muito, sem se dar conta de nada além disso. De repente, perceberam que todos os seus pertences tinham sumido. Surpresos, começaram a buscá-los por todo o bosque.

Depois se descobriu que tudo havia sido roubado por uma prostituta, que acompanhava o único homem solteiro do grupo. Vendo que todos estavam totalmente imersos na diversão, ela roubou todos os pacotes e sumiu.

Correndo de lá para cá na floresta em busca dessa mulher, os jovens encontraram um homem santo, que fazia *zazen* silenciosamente ao pé de uma árvore.

"Venerável, o senhor viu por acaso uma mulher que fugia?"

"Jovens, se a encontrassem, o que fariam?"

Os jovens lhe contaram o que havia acontecido. O santo homem disse: "Meus jovens amigos, entre encontrar essa mulher e encontrar a vocês mesmos, o que acham que é mais importante?"

Os jovens não souberam responder a essa pergunta inesperada.

A mulher havia-os roubado justamente porque, distraídos pelo prazer, não estavam mais em si mesmos. E depois de terem descoberto o furto, tinham perdido ainda mais a cabeça, correndo de lá para cá sem saber o que fazer. Os jovens eram todos de boas famílias, até cultos. Ao caírem em si com a pergunta do velho mestre, responderam sem hesitação:

"Encontrar a nós mesmos, é claro."

Assim o velho lhes disse:

"Sentem-se. Vou-lhes ensinar sobre a verdade".

Com clareza e paciência, explicou-lhes o verdadeiro Eu. Seu ensinamento, como a chuva compassiva que molha a terra árida, penetrou o coração dos jovens, que não conheciam ainda os males do mundo. Assim ficaram muito felizes ao ouvir suas palavras e se tornaram seus discípulos.

Quem era este velho homem? Ninguém menos que Shakyamuni Buda em pessoa.

O mestre Dogen dizia: "Estudar o caminho de Buda é estudar a si mesmo". Buda recomendava: "Devemos nos basear no Darma e em nós mesmos, não em outras coisas". E ensinava:

> ***O Eu***
> ***é o refúgio do Eu.***
> ***Deixando este lar, onde se apoiará***
> ***senão no próprio Eu?***
> ***Um Eu bem disciplinado***
> ***é o melhor, o incomparável abrigo.*** (***Dhammapada***, verso 160)

Diz-se que "até o inferno pode ser comprado". As pessoas pensam que o cerne da vida é o dinheiro, ou que é a glória que vale a pena perseguir. E se não têm nem um nem outro, então pensam que é o amor do marido, da mulher, dos filhos ou dos pais. Mas então o que será este "Eu" que, segundo o ensinamento de Buda, é mais importante que o dinheiro, o sucesso ou a família?

Certamente não deve ser nosso pequeno "eu", que apenas chora e se lamenta. O Eu "bem disciplinado" não é assim.

Mas como e de que maneira podemos disciplinar esse "Eu"? Para mim, esta possibilidade ainda está muito distante.

Buscar um bom mestre

O mestre Dogen escreveu no Gakudo Yojinshu[79]: "Um discípulo é como a boa madeira e o mestre é como um bom artesão. Ainda que seja madeira de qualidade, se não encontrar um bom artesão, o discípulo não pode tornar-se uma bela obra. E mesmo que fosse um pedaço de madeira disforme e podre, se cair em boas mãos se transformará em uma verdadeira obra de arte".

O mestre Dogen desse modo nos indicou a importância de buscar um bom mestre, um mestre apropriado. "Por mais que a madeira seja boa, se o artesão não estiver à altura de trabalhá-la, sua beleza se perde. Por outro lado, até mesmo o material torto ou cheio de nós, se cai nas mãos de um artesão qualificado – que sabe como utilizar plenamente essas características negativas – pode chegar a se tornar a coluna ornamental de uma construção no estilo Sukiya[80]."

O mestre Dogen chegava ao ponto de dizer que era melhor não estudar nada, se não se conseguisse encontrar um mestre adequado. É uma afirmação drástica, mas verdadeira.

Na escola, por exemplo, gostar ou não de uma determinada matéria muitas vezes depende do professor. Em qualquer campo ou disciplina, da cerimônia do chá ao *ikebana*[81], da formação profissional até a existência em seu todo, é muito importante buscar um mestre bom e honesto. Mas me parece que é muito difícil encontrá-lo.

Um bom mestre é aquele que conhece bem a profundidade inexplorada do seu campo, e que está consciente dos limites e da sua própria inadequação em face da vastidão do caminho que tem pela frente.

Um bom mestre, portanto, não se faz de tal. Os verdadeiros mestres não podem ser reconhecidos por sua aparência. Sem títulos, nunca se vestem com autoridade, mas com roupas discretas. Vivem em moradias humildes e continuam eles mesmos a buscar e praticar a verdade, seguindo o Caminho e o Darma como seus próprios professores.

Até mesmo um grande mestre como Shakyamuni Buda disse, em suas últimas palavras: "Eu não sou seu mestre. O verdadeiro mestre de vocês é o Darma, o verdadeiro ensinamento em si".

Quem é que sabe onde estão os verdadeiros mestres? É realmente difícil encontrá-los, já que quanto mais autênticos são, menos podemos reconhecê-los com nosso olhar inadequado. E os melhores são justamente aqueles que abertamente indicam nossos defeitos, dizendo-nos coisas que não gostaríamos de ouvir.

Que sejam úteis em nossa busca as palavras de Dogen Zenji: "Ainda que a prática seja difícil e dolorosa, os praticantes deveriam buscar o Caminho guiados por amigos melhores que eles mesmos. Aquilo que se deseja com todas as forças pode ser realizado". Acredito que devemos continuar a buscar sempre, com os olhos bem abertos, pelo bom mestre, pelo mestre adequado.

Humildade solitária

Quando estamos com outras pessoas, tentamos nos comportar educadamente e com modéstia. Mas quando não há ninguém conosco, somos totalmente diferentes: nossa mediocridade quando sozinhos revela quem somos realmente.

Mesmo quando achamos que não há ninguém olhando, existe sempre Buda, o Universo e um outro Eu dentro de nós que nos observam. A expressão "humildade solitária" representa a aspiração, que pode até ser considerada uma oração, de prestar atenção ao pensamento, às palavras e ao próprio comportamento, sem mentir a esses olhos transparentes e límpidos que nos observam mesmo quando achamos que não há ninguém por perto. Esta expressão é do famoso Fumai Matsudaira[82].

Procuramos sempre divulgar as boas ações que realizamos quando ninguém nos vê, para recebermos elogios ou reconhecimento. Quando não nos elogiam, ou até mesmo nos criticam, nos desencorajamos e chegamos a achar que nossas ações perdem um pouco o valor.

Por outro lado, quando fazemos algo negativo, temos medo de que alguém possa descobrir e buscamos fazer tudo para escondê-lo. Se o conseguimos, temos a sensação de ter ganho alguma coisa.

Mas é relativamente fácil enganar as pessoas. E suas opiniões muitas vezes são sem fundamento. Se medirmos nosso comportamento pela opinião dos outros, que é sempre tão variável, terminaremos por desperdiçar nossa vida.

Além disso, por mais que possamos agir em conformidade com o que as pessoas pensam, nossa ação será um fato que preencherá para sempre uma página de nossa existência, acrescentando ou subtraindo algo de positivo ou negativo ao nosso caráter.

Por bem ou por mal, tudo o que fazemos permanece um fato que realmente aconteceu, com um peso que não é modificado de maneira nenhuma pela opinião das pessoas; é um fato que se torna uma espécie de força cármica, que nos acompanhará até o final de nossas vidas.

Desse modo, a formação de nossa personalidade é o resultado de cada ação que realizamos.

A expressão "humildade solitária" representa portanto o desejo ardente de aprender em profundidade as leis do Universo, sem se perturbar por elogios ou críticas, de ser independente das vicissitudes do mundo e de prestar sempre atenção ao próprio comportamento, agindo com prudência, sem ser iludido por glórias ou bens materiais.

Ainda que seja difícil praticar assim, gostaria de respeitar cada vez mais esse preceito, tentando viver cada dia de maneira útil e cuidadosa.

Da posse para o possuidor

Para alcançar a felicidade, corremos atrás de dinheiro, poder, títulos, honras, marido ou filhos. Na verdade, essas coisas são como bens que levamos conosco ao longo de nossa vida. Damos muita importância às posses, mas nos esquecemos do proprietário. Como roupas que pouco a pouco ficam velhas e são substituídas, também essas coisas podem ser trocadas ao longo dos anos.

Já que os bens são fugazes, é natural que possam mudar na forma ou mesmo desaparecer. Estão temporariamente sob a guarda de seu proprietário. Mas a vida pode se transformar em morte, o amor em ódio, a juventude na velhice, o filho amável em rebelde e a riqueza em dívidas. É o curso próprio da vida.

É totalmente enganoso, portanto, buscar a verdadeira felicidade em bens tão fugazes, frágeis e ilusórios.

O filósofo Jean-Jacques Rousseau disse em sua obra *Émile*: "Qualquer ser humano, seja rei, seja nobre, seja milionário, nasce nu e pobre e está destinado a morrer nu e pobre".

Por um certo tempo, entre o nascimento e a morte, usamos diversas roupas: um luxuoso vestido de rainha, trapos de mendigo, o hábito de um monge, as vestimentas refinadas de um homem rico, ternos de empresário ou as roupas extravagantes de uma bela jovem. São roupas que refletem diversos princípios, sentimentos, apegos. Mas são apenas roupas.

A maior parte das pessoas passa a vida pensando apenas nas roupas, totalmente levadas pela moda, esquecendo-se assim de cuidar de si mesmas, cruamente, despidas de toda roupagem.

Shakyamuni Buda compreendeu isso rapidamente e deixou tudo o que tinha para buscar com grande seriedade a vida verdadeira, o proprietário de todos esses adornos. Tornou-se monge e se entregou à prática religiosa para encontrar a felicidade imutável e verdadeira.

O que conta de fato é a vida do proprietário, não a das roupas. Basta então mudar de postura em relação à nossa existência. Mas como podemos fazer isto? Não devemos buscar fora de nós. Não devemos procurar a felicidade em algum outro lugar, ou em algum momento do futuro. Nem mesmo no amanhã, no próximo ano, ou na próxima vida. É em cada momento, no "aqui e agora", que devemos corrigir nossa postura e nos sentar eretos em *zazen*.

Como diz a poesia "Buscar a primavera", do poeta chinês Dai Eki, do período Sung (960-1279), que já citei anteriormente:

> *Procurando a primavera o dia todo,*
> *não a encontrei.*
> *Apoiando-me em meu bastão,*
> *atravessei montanhas e montanhas,*
> *e voltando para casa*
> *segurei um galho de ameixeira.*
> *Ali a encontrei: florescia em sua ponta.*

O poeta diz ter buscado a primavera o dia inteiro, sem a encontrar. Tinha percorrido montanhas e montanhas, sem obter sucesso. Voltando para casa, sentiu subitamente o perfume da primavera em um ramo de ameixeira que crescia perto de sua choupana.

Não é preciso ir longe para encontrar a primavera, porque ela já está aqui, bem em nosso jardim. Enquanto tivermos a postura de buscar a felicidade fora de nós, em alguma hora, em algum lugar, jamais poderemos encontrá-la.

Às vezes chegamos a nos tornar monges, mas continuamos a conservar a tendência de buscar fora de nós, sem dar importância ao lugar em que estamos neste momento. Desta maneira, nada se pode obter. Ir a qualquer outro lugar é inútil. Em toda parte, a vida corre, não há diferença. Onde quer que estejamos, não podemos escapar desse lugar.

É importante aprendermos a aceitar qualquer situação de braços abertos, sem fugir. Firmes, em nosso próprio chão, bem onde estamos, estendemos as mãos para receber a bênção celestial.

Felicidade verdadeira

As pessoas buscam loucamente a felicidade. Diversos tipos de felicidade são definidos, seus vários estágios e estados são perseguidos e até mesmo estudados cientificamente, ou do ponto de vista filosófico. Até mesmo políticos se mobilizam, debatendo sobre as melhores formas de governo.

Mesmo a religião busca a felicidade, assim como as pessoas. No budismo, a verdadeira felicidade recebe vários nomes: Nirvana, paraíso, adquirir a tranquilidade da mente, renascer na Terra Pura. São expressões diferentes, mas que almejam dizer a mesma coisa: que as pessoas aspiram à felicidade. A grande diferença entre as ideias budistas e nossas ideias comuns sobre como atingir a felicidade está no conteúdo e na direção a tomar.

Durante um sermão de Shakyamuni Buda, seu primo Anuruddha adormeceu. Depois do sermão, Buda o chamou para perto de si e o repreendeu severamente. Profundamente arrependido, Anuruddha jurou nunca mais dormir e adotou uma severa autodisciplina contra o sono. Não dormia nem mesmo durante a noite. Isso prejudicou sua visão e ele acabou ficando cego. Porém, mesmo depois de perder a visão, como era discípulo de Buda, ainda assim teve de costurar sua própria *okesa*[83], seu manto de monge.

Anuruddha murmurou, tentando colocar a linha no buraco da agulha:

"Quem busca a felicidade será que não poderia passar para mim o fio no buraco da agulha?"

"Claro, deixe-me passar a linha."

Quem tinha se oferecido era ninguém menos que o próprio Shakyamuni Buda! Anuruddha, extremamente surpreso, disse:

"Não, mestre, isso seria honra demais, não tenho nenhuma intenção de lhe fazer passar a linha! Mas também o senhor, grande mestre, está em busca da felicidade?"

Buda respondeu com calma: "Ninguém no mundo busca a felicidade mais ardentemente que eu".

A felicidade que as pessoas intentam neste mundo, onde tudo é fugaz, consiste em ser rico ao invés de pobre, saudável e não doente, em ter sucesso em vez de fracassar, em ser bonito em lugar de ser feio, em ser amado ao invés de odiado... São acima de tudo situações exteriores. Mas, por mais que possamos desejar a felicidade, a vida real abraça tanto a alegria quanto a infelicidade, que se entrelaçam, estreitamente ligadas que estão.

Buda, com seus olhos iluminados, viu claramente essa verdade. Abandonando todos os objetos que as pessoas consideram portadores da felicidade, deu o primeiro passo no caminho da busca, em sua viagem em direção à verdadeira felicidade. Renunciando a seu reino, deixando sua mulher e seu filho, tornou-se um simples monge mendicante. O ensinamento que passou a difundir depois de alcançar a iluminação, baseado em seis anos de prática religiosa, exortava a não buscar a felicidade fora de si, sob pena de nunca a encontrar. Em qualquer hora e qualquer local, sob qualquer condição, mesmo que seja muito pobre ou muito doente, o ser humano poderá ser feliz.

Em algum lugar ouvi a seguinte história:

Um homem conseguiu espiar o céu e o inferno. Em ambos os lugares havia uma linda mesa, coberta por pratos deliciosos. Todos os habitantes de ambos os mundos se sentavam à mesa para as refeições. Cada um tinha um par de palitos extremamente longos em sua mão direita, enquanto a mão esquerda estava presa à cadeira. No inferno, os habitantes brigavam para ver quem iria pegar a comida primeiro, mas como os palitos eram extremamente longos, ninguém conseguia comer nada. A comida se espalhava pelo chão e todos continuavam com fome. Choravam e se ofendiam mutuamente, ficavam furiosos, mas isso de nada adiantava. Era uma cena horrível.

No paraíso, por outro lado, os santos perguntavam uns para os outros que comidas preferiam e com tranquilidade davam de comer aos companheiros, utilizando os enormes palitos para levar a comida aos lábios de cada um, reciprocamente. Em harmonia, conseguiam se alimentar sem nenhum problema.

As condições de nossas vidas são exatamente assim em nosso mundo, do mesmo modo como no paraíso e no inferno. A diferença está em aceitar ou recusar essas condições.

Enquanto buscarmos fora de nós a felicidade, o Nirvana, a tranquilidade, o paraíso ou Buda, não poderemos nunca encontrá-los. Apenas olhando para dentro de nós mesmos poderemos agrupar a sabedoria e os talentos de que já somos dotados.

Ainda que desejemos renascer no paraíso depois da morte, o que conta verdadeiramente é o momento e o lugar em que estamos agora. O paraíso ou o inferno depende de nossa atitude interior. Devemos cultivar a atitude correta imediatamente, uma vez que – como explica o *Fukanzazengi* – "a menor diferença inicial entre você e o Caminho se torna tão grande como a distância entre o céu e a terra".

Em uma vila ou uma floresta,
no mar profundo ou na terra seca,
um arakan[84] *pode viver em toda parte.*
Qualquer lugar é, portanto, o lugar da paz.
(Dhammapada, verso 98*)*

Dissolvendo os pensamentos egoístas da avidez e da possessividade, do ódio ou do amor, assim gostaria de lidar com tudo o que aconteça, em cada momento e lugar que me foram designados, aceitando de bom grado o "aqui e agora" como o terreno da minha prática e meu refúgio de serenidade.

CAPÍTULO II

DOU A VOCÊ PALAVRAS ZEN

Shojin[85]

Esforço constante: uma gota d'água fura a pedra.

Se fizer consegue
Se não fizer não consegue
Se disser que não pode fazer
É porque não se dispõe a fazê-lo.

A velha monja que me criou desde os cinco anos de idade repetia esse versinho constantemente, como se fosse uma ladainha. Essa curta poesia, murmurada repetidamente em voz baixa, como se ela quisesse encorajar a si própria mais do que aos outros, fixou-se firmemente em mim, junto com a imagem da velha monja que a cantava. Cresceu comigo, sem que eu nem percebesse.

Querer é poder: guardo estas palavras no coração
e vivo minha vida seguindo este ensinamento.
Os pássaros são meus verdadeiros mestres
pois me ensinam a escrever usando a boca.

Certa vez encontrei estes versos por acaso. Nunca me esquecerei desse dia. Apressei-me em comprar o livro *Darma sem mãos*, da poetisa Junkyo Oishi[86], e o li com o coração palpitando e os olhos marejados.

Em 1905, Manjiro Nakagawa, proprietário de uma casa de gueixas[87] chamada Sankairo, no bairro Horie de Osaka, descontrolou-se ao descobrir que sua esposa o traía. Golpeou seis gueixas com uma espada. Cinco delas morreram na hora. Apenas Tsumakichi, uma jovem de 17 anos, escapou milagrosamente da morte naquela noite quente de junho.

Tsumakichi perdeu os dois braços na agressão e não pôde mais apresentar suas danças japonesas aos espectadores. Entrou para uma companhia teatral ambulante, cujo diretor era Kimba Sanyutei, e recomeçou a vida como atriz.

Depois de uma turnê pela região setentrional do Hokuriku, a companhia chegou à cidade de Sendai, onde estava o castelo de Aoba. Ali, no jardim do hotel onde estava hospedada, Tsumakichi viu um casal de canários em uma gaiola minúscula, onde não podiam voar. Os canarinhos cantavam muito alegremente, alimentando seus amados filhotes com o bico.

Tsumakichi pensou: "Fazem tudo com a boca! Eu também tenho uma. Se me esforçar, poderei fazer qualquer coisa com a boca". Lembrou-se então das palavras que o dono de Horie, seu antigo patrão que a tinha mutilado, constantemente repetia: "Qualquer coisa que os outros possam fazer, estou certo de que também podemos. Depende apenas de nossa força de vontade". Inspirada, Tsumakichi, que não sabia ler nem escrever, começou a estudar segurando a caneta com os lábios.

As obras de caligrafia e pintura de Tsumakichi, realizadas com a boca, foram expostas em diversos lugares – como Munique, na Alemanha – e sua arte estimulou muitos deficientes físicos. Tsumakichi, que depois se tornou monja, dizia: "É inegável que nosso corpo não é perfeito, mas devemos ter cuidado para não nos tornarmos deficientes espirituais".

Como monja, ela recebeu o nome de Junkyo Oishi. Era amada como se fosse a mãe de todos os deficientes físicos, encarnando em sua própria vida um exemplo de esforço constante suportado por uma fé profunda.

Muneyoshi Yanagi, em seu livro *Shinge* (Poemas do Coração), escreveu: "Entregue-se totalmente! Assim nunca se arrependerá". Se entregarmos todo o nosso corpo e nossa mente, não há nada que não possamos realizar.

Mestre Dogen diz a mesma coisa no *Shobogenzo Zuimonki*: "Quando uma pessoa cai de um cavalo, até que toque o chão, pensa rapidamente e com toda a concentração naquele breve lapso de tempo. Deveríamos viver cada dia e cada instante dessa mesma maneira".

Nesse fugaz intervalo entre cair do cavalo e tocar o chão, não há tempo para pensar no supérfluo. O conhecimento e a experiência se tornam inúteis e não temos tempo para sonhar acordados ou para nos reprovar. Quando enfrentamos uma questão decisiva, de vida ou morte, tudo depende de nossa presença. Mestre Dogen dizia que deveríamos viver toda a nossa vida neste estado de atenção e vigilância.

Avaliar se somos capazes ou não, se somos inteligentes o suficiente, olhar em volta para buscar ajuda, colocar condições: são todas provas de falta de seriedade. Quem não é sério consigo mesmo prefere se apoiar nos outros e tem uma postura passiva; para ele, até as portas abertas terminam por se fechar. Por outro lado, se enfrentarmos nossos problemas com determinação, nossa resolução e nossa persistência podem escancarar até mesmo uma porta firmemente fechada.

As chaves para abrir ou fechar as portas somos nós mesmos, é nossa atitude em relação às dificuldades.

Normalmente pensamos ser absurdo uma gota d'água perfurando a pedra. Mas na realidade vemos frequentemente pedras que foram perfuradas pela água das chuvas, ou erodidas pelo curso de um rio.

Buda disse no *Mahaparinirvana Sutra*[88]: "Monges, se perseverarem com grande esforço, nada será impossível. Por isso pratiquem diligentemente. Acima de tudo, vocês devem se empenhar completamente, como o fio de água que, correndo incessantemente, fura a pedra. Deixar-se vencer pela indolência é como parar de esfregar duas varetas de madeira antes que peguem fogo: mesmo que desejem uma chama, será difícil obtê-la. Esta é a verdadeira diligência".

No capítulo "Hachi Dainin Gaku"[89] do *Shobogenzo*, mestre Dogen fala de *shojin* – o esforço contínuo – da seguinte maneira: "Em qualquer disciplina, a prática é resoluta e incessante. Por isso se chama perseverança. A diligência é pura e segue sempre em frente, nunca anda para trás".

Dizem que a civilização humana se desenvolveu impetuosamente desde a descoberta do fogo e o conhecimento de suas aplicações cotidianas. Na Antiguidade, fazer fogo era muito difícil e portanto mantê-lo sempre aceso era um dos trabalhos mais importantes dos responsáveis pela casa. Para se obter o fogo, era necessário esfregar sem cessar pedras ou gravetos. Não se podia dizer: "Esquentou bastante, mas agora estou cansada. Vou descansar um pouco e depois retomo do ponto onde parei". O trabalho não admitia interrupções. Se alguém agisse assim, jamais conseguiria obter fogo. Buda nos aconselhou a praticar sem cessar, exatamente como o trabalho primitivo de acender e manter o fogo.

Da mesma maneira, se nosso coração decidir descansar, será nosso fim. O Sol também não descansa nunca. Os movimentos do céu e da terra são ótimos exemplos de perseverança. Apenas os seres humanos, dotados de uma cabeça que pensa e raciocina, é que se precipitam, tentam atalhos e decidem descansar pouco tempo após terem começado.

Trabalhar incessantemente, em ritmo contínuo, não significa esforçar-se cegamente.

Entre os discípulos de Buda, havia um jovem de boa família chamado Sona Kalivisa. Sona, convertendo-se ao budismo, dedicou-se a severas práticas religiosas, mas não conseguia atingir o Nirvana. Estava tão pouco confiante e tão confuso que chegou a pensar que a vida laica seria mais adequada para ele. Um dia contou a Buda o que estava acontecendo.

Buda, com calma, lhe perguntou: "Sona, ouvi dizer que você, quando ainda estava em casa, tocava harpa muito bem. Mas as cordas da harpa, quando estão muito tensionadas, não tocam bem, não é verdade?"

"Sim, é verdade. Não só não tocam bem como correm o risco de se romper."

"No entanto, quando estão muito frouxas, também não tocam muito bem, não é?"

"É verdade. Não devem estar nem muito tensionadas nem muito frouxas. Apenas quando estão reguladas com uma tensão apropriada podem tocar bem, com o timbre correto."

"Então, Sona. A prática do Caminho de Buda também é assim. Quando você sofre demais, seu coração se agita e não consegue manter a calma. Quando relaxa muito, acaba se tornando indolente. Também na vida religiosa siga o caminho do meio."

Assim Buda explicou a Sona, com clareza e paciência, o ritmo correto da perseverança. Nem muito veloz nem muito lento.

A pureza não se mistura

Mestre Dogen dizia que o esforço contínuo – *shojin* – consiste em fazer o bem com determinação e persistência.

Mas não basta se dedicar simplesmente a qualquer coisa: isto não é o verdadeiro *shojin*. Por maior que possa ser o esforço dos seres humanos para satisfazer os desejos mundanos, mesmo trabalhando dia e noite para obter riquezas, honras e sucesso, ainda assim não podemos dizer que isso é *shojin*. Fazer o bem é estar de acordo com o Caminho de Buda, seguir o curso natural do céu e da terra. Isso é completamente diferente do esforço para satisfazer a própria ganância.

Uma poesia do professor Yoshio Toi (monge budista e ex-diretor de uma escola primária) diz:

Se for para viver apenas,
Até a minhoca vive, também.
Mas sou um ser humano.
Será que não há uma maneira de vida mais apropriada?
Se for para viver com todo esforço,

taturanas e centopeias também vivem assim.
Eu certamente não poderei transformar-me nesses bichos.
Que muitos possam ficar felizes com meu esforço,
esta é a vida que quero viver.
Como a Terra que gira em torno do próprio eixo
e, ao mesmo tempo, em torno do Sol, em sua órbita.

O importante é a finalidade do esforço. O contrário de *shojin* – diligência – é negligência. O mestre Entei Tomomatsu[90] fala dessa palavra como "deixar de cumprir o dever". Em páli, o significado original da palavra "negligência" era "seguir as paixões". Os esforços para satisfazer a ganância, por maiores que sejam, são apenas "negligência". Precisamos assim, para alcançar a meta de *shojin*, mudar o foco da ganância autoindulgente para o Caminho, seguindo os ensinamentos.

A determinação e o esforço puro me lembram de uma história que ouvi pouco tempo depois de me tornar monja, durante uma aula de Kodo Sawaki Roshi.

Um dia, houve um incêndio nos bosques de uma montanha. Todos os animais fugiram, exceto um passarinho, que se esforçava por apagar o fogo. Com todas as suas forças, mergulhava em um riacho e depois sobrevoava o incêndio, deixando que as poucas gotas que tinha conseguido trazer caíssem sobre as labaredas. Os outros pássaros zombavam dele, dizendo que seu esforço era inútil e que ele era um tolo. Mas ele continuava. Era a única ação que lhe cabia. O céu, comovido por sua compaixão, enviou então uma tempestade para apagar o incêndio.

Quando enfrentamos uma tarefa, primeiro questionamos se somos capazes de realizá-la. Perguntamo-nos se vale a pena, pensamos nos resultados e nas reações das pessoas. No final, paralisados pelo medo de cometer erros, muitas vezes acabamos não fazendo nada.

Achamos difícil descobrir e realizar com persistência apenas aquilo que podemos e devemos fazer neste determinado momento, sem nos perguntar se temos capacidade, sem pensar nas recompensas, sem ligar para a opinião dos outros. O importante é tentar fazer aquilo que está ao nosso alcance, sem considerar isso como uma desonra, uma honra, como riqueza ou pobreza. A ação pura, que não espera nada em troca, aqui e agora, este é o "*sho*" de "*shojin*". É a pureza, sem mistura, sem contaminação.

A letra "*jin*" significa "avançar sem recuar". Ou seja, uma vida vivida de forma útil, em que cada dia aumenta seu valor, crescendo sempre.

A escritora Yaeko Nogami[91], mesmo com mais de 80 anos, continuava a estudar alemão e filosofia com o Hajime Tanabe[92], filósofo e professor da Universidade de Tóquio. Lembro-me sempre dela, que dizia: "Viver significa crescer, esforçar-se por trabalhar com a verdadeira perseverança e continuar a caminhar olhando sempre para a frente".

Uma existência de comer e dormir, esperando que o dia termine – até cães e gatos conseguem viver assim. Mas como me foi dada uma existência humana, gostaria de viver de outra forma. No entanto, o que significa "viver de maneira humana"?

O esforço é o caminho da eternidade.
A negligência é o caminho da morte.
Aqueles que se dedicam e se concentram no trabalho
nunca morrem.
Aqueles que toleram a vadiagem,
ainda que estejam vivos,
é como se já estivessem mortos.

São palavras do *Dhammapada*, que já citei anteriormente. Viver sempre olhando para a frente. Persistir no caminho da verdade, seguindo o Darma passo após passo, sem nunca parar. Isto é viver de maneira humana, viver a vida eterna que não se desfaz mesmo depois que o corpo se for.

Nos versos precedentes, Buda nos ensina que uma vida vivida apenas para satisfazer a própria ganância, ainda que deixe uma enorme fortuna ao morrer, é uma vida desperdiçada. Já em vida era a via da morte. Não pode ser considerada uma existência plenamente humana. Estas são palavras realmente severas.

Ande reto nas curvas

Um de meus parentes é artista e trabalha com cerâmica. Todos os anos organiza uma exposição pessoal na grande loja Takashimaya, em Tóquio. Certa vez, consegui visitar sua exposição, por acaso. Havia uma obra que atraiu muito minha atenção: um prato ornamental, no qual estavam representadas duas flores de alcachofra (cardo japonês), uma com haste longa e outra com haste curta, de cor índigo. Era uma cor tão macia, sóbria e contida, que lembrava o índigo antigo, muito usado nos hábitos tradicionais dos monges. Na parte superior do prato, em um espaço adequado, estava o vasto céu e uma única nuvem, desenhada em uma só pincelada. Olhando esta cena, parecia ouvir o som do vento que atravessava o amplo planalto onde aquelas flores cresciam. Essas flores me fizeram pensar em quanta diligência o mestre tinha manifestado, trabalhando com esforço por anos e anos – *shojin*.

Aos vinte e quatro anos, ele havia sido premiado no concurso nacional de artes. A obra selecionada naquela ocasião também era um prato ornamental em que estavam pintadas flores de alcachofra. Mas a cor índigo das flores era muito intensa. As flores, as hastes e as folhas eram grandes e grossas, parecendo que não poderiam ser abaladas por vento algum. Eram flores em guarda, que não demonstravam nenhuma fraqueza.

Depois de algumas décadas, o estilo mudou. Hoje, as flores têm hastes que parecem frágeis, mas que convivem harmoniosamente com o vento, dobrando-se com doçura. Conversam com as chuvas, acolhendo as gotas com humildade, sem se intimidar, respirando livremente entre o céu e a terra. Senti um profundo respeito pelo mestre, que tinha continuado a trabalhar no mesmo tema com tanta perseverança e diligência, buscando o belo no mesmo material.

Enquanto estava em pé, pensando na diligência infinita do artista – *shojin* – expressa em hastes tão bem traçadas, lembrei-me de algumas palavras do mestre Kazuyoshi Kino[93], a quem eu havia visitado logo antes de ir à exposição. Ele me dissera: "Nem mesmo um pé de castanha envelhece inutilmente".

Na residência do professor Kino, provando com prazer os doces de castanha que acompanhavam o chá, contei-lhe uma história. O sacerdote responsável por nosso templo principal, que durante sua vida tinha se dedicado ao magistério, todos os outonos recebia de presente alguns docinhos de castanha, enviados por um antigo aluno seu, que era filho do proprietário de uma loja de doces na cidade de Nakatsugawa[94]. O rapaz dizia que, como os doces eram produzidos com castanhas de uma árvore centenária que crescia em seu jardim, seu sabor era muito diferente daqueles produzidos com castanhas de árvores mais jovens. Por este motivo, queria que seu mestre pudesse prová-los sempre.

Quando terminei de contar esta que para mim era uma história sem muita importância, o mestre Kino, em um tom muito sério, disse emocionado: "Nem mesmo uma árvore de castanha envelhece inutilmente". Sua observação me pegou de surpresa. Fui profundamente tocada por essas palavras e, refletindo sobre a história que eu mesma tinha contado, apreciei então o comentário do mestre.

Assim, quando mais tarde vi o belo prato com as flores de cardo exposto na mostra, lembrei-me de nossa conversa sobre as árvores de castanha. A obra de arte, que expressava o esforço de anos e anos de trabalho, cativou meu coração com suas flores extremamente harmoniosas.

Até hoje, quase dez anos depois, o mesmo artista continua a pintar flores de cardo. O mestre Ken Sakuma, por sua vez, também fez mais de cinquenta mil quadros de um menino rezando com as mãos juntas, e ainda continua pintando o mesmo tema, na vila de Fushimi, em Kyoto. Tenho a impressão de que ambos os artistas, Sakuma e o ceramista, com força e inocência expressam plenamente as palavras de mestre Dogen: "A verdadeira diligência é pura e vai sempre para a frente, nunca para trás".

"Continuamente" não significa sem parar. Quando guiamos um carro, por exemplo, e percorremos a estrada da vida, não podemos esperar que os semáforos estejam todos verdes. Às vezes acontece de termos de parar no semáforo vermelho da doença. E, se por algum motivo as coisas não saem como queremos, frequentemente nos deprimimos e renunciamos a nossos esforços. Mas não deveríamos nos render tão facilmente. O ensinamento diz que não temos de avançar rigidamente em linha reta, passando por cima de qualquer obstáculo. Na vida, caminhar parando, recuando e tomando alguns desvios cria momentos muito mais agradáveis e nos torna mais fortes para continuar a avançar. É assim que devemos ir em frente: prontos para parar ou recuar. Continuando a caminhar.

Em seu último ano de vida, o mestre Zen Genshu Watanabe[95] chamou um dia à sua cabeceira um discípulo que tinha entrado havia pouco tempo no templo e lhe perguntou: "Como se pode subir em linha reta uma montanha cheia de curvas?" O jovem aluno disse que não sabia, ao que o mestre respondeu: "Subindo em linha reta, dobrando a cada curva".

Quando ouvimos que devemos caminhar sempre em linha reta, pensamos superficialmente que temos mesmo de atravessar montanhas, colinas, rios e mares em linha reta. Esteja o semáforo verde ou amarelo, comportamo-nos como uma mula com viseira, que não olha para a direita nem para a esquerda e não considera as curvas nem qualquer outra situação.

Mas na verdade não é isto que diz o ensinamento. Nós podemos andar em linha reta seguindo as curvas. São palavras profundas.

Eu, aqui e agora

O contrário do esforço diligente – *shojin* – é a auto-indulgência, a negligência que segue apenas as paixões – *hoitsu*. Na vida que busca o *shojin*, precisamos deixar de lado nossa vontade pessoal e nos esforçar ao máximo para desempenhar o papel que nos foi confiado, aqui e agora.

Recentemente fiquei comovida ao ler uma poesia chamada "Pano de chão", do poeta Michio Mado[96]:

Quando volto para casa em um dia de chuva
o pano de chão está me esperando
com a cara de um pano de chão.
Um rosto conhecido!
Mas certamente não era sua opção
tornar-se um pano de chão.
Até pouco tempo atrás
tinha a cara de uma camisa.

"Sou uma camisa", dizia.
Era macia como se fosse minha segunda pele
mas certamente tornar-se camisa
não foi sua opção.
Talvez há muito tempo,
em uma terra como a América
teria sorrido como uma flor de algodão
sorrindo para o vento e para o Sol.

Se eu fosse um pano de chão, talvez dissesse: "Seria melhor ser uma camisa". Ou então: "Agora me tornei um mísero pano de chão, mas antes eu era uma bela camisa". Um pano de chão que se lamenta assim não é útil. Não é nada fácil usar um pano de chão com a forma de uma camisa. Desempenhar plenamente o papel que nos foi confiado significa transformar-se plenamente em uma camisa quando temos de ser uma camisa, e voltar a ser um pano de chão quando devemos ser um pano de chão. Esta é a imagem de quem vive seguindo o caminho da verdade – *shojin* – sem pensar em seus desejos caprichosos.

Pensar que o pano de chão não é importante e tem menos valor do que a camisa é uma ideia banal, a mentalidade típica dos seres humanos. Neste mundo, não há diferença de valor entre um objeto e outro. Ouvi dizer que um pino de poucos milímetros que sustenta os mecanismos de um relógio de cem mil ienes custa apenas dez ienes. Mas este pino tão barato é tão essencial ao funcionamento da vida quanto um objeto muito mais caro. Cada parte do relógio tem seu papel no funcionamento do mecanismo e, a cada instante, trabalha sem cessar para que o relógio não pare. Também nosso trabalho – qualquer que seja ele – é como as engrenagens de um relógio, mantendo uma família, uma empresa, um país e o mundo.

Se trabalharmos seriamente a cada instante, colocando de lado nossos pensamentos e interesses egoístas, podemos nos transformar em uma luz que ilumina as pessoas que nos circundam. Nossa presença por si só é suficiente para iluminar e nos tornamos a própria aparição de Shojin Haramitsu[97].

Flor de ameixeira: harmonia na neve

A ameixeira, que em si já é austeramente linda, sem nenhum ornamento, torna-se ainda mais bela ao receber flocos de neve em seus galhos, perfumando o céu de inverno em Shinshu. Observando suas flores, lembrei-me das palavras de um velho sábio: "Flores de ameixeira, em harmonia com a neve, perfumam o ambiente". Foi assim que, enquanto me esquentava junto ao *kotatsu*[98] com as costas curvadas, endireitei-me imediatamente. A ameixeira parece ter algo a me ensinar sobre a vida. Não apenas emana seu perfume com orgulho, apesar do frio terrível, mas também aceita a pesada, triste e gélida neve como um ornamento decorativo, desabrochando suas belas flores vermelhas ao invés de sucumbir ao inverno.

Ao contrário da ameixeira, nós humanos nos abatemos ao encontrar qualquer coisa triste. Perdemos a coragem de viver e ficamos sem rumo. Ao enfrentar situações desagradáveis ou dolorosas, tentamos fugir ou começamos a procurar algum amigo que possa carregar nosso fardo. Qualquer que seja nossa situação, comparamos sempre com a de alguém e desenvolvemos um complexo de inferioridade. Desta forma, tornamos nossa vida cada vez mais infeliz sempre que nos defrontamos com alguma situação adversa. Ficamos amargos e perdemos nossa pureza. Às vezes, até mesmo a esperança.

Por outro lado, as ameixeiras criadas em estufas são menos perfumadas e resistentes do que aquelas que vivem naturalmente. O mesmo pode ser dito sobre as verduras: aquelas que foram submetidas às provas de chuvas, ventos e outras forças da natureza e que foram produzidas na época certa, são sempre mais saborosas do que as que crescem em estufas, fora da estação. E os legumes de clima ameno são pouco saborosos; a verdura das regiões mais altas e frias é doce, macia e tem um sabor muito mais refinado.

Também sobre os seres humanos poderíamos dizer o mesmo. Aquilo que nos faz crescer, enriquecer e reforçar nossa postura não são as circunstâncias favoráveis e sim os insucessos, dificuldades, obstáculos e doenças. O importante é como enfrentamos esses problemas. A frase "flores de ameixeira, em harmonia com a neve, perfumam o ambiente" nos ensina exatamente essa atitude.

Em uma de suas caligrafias, o mestre Zen Hakuin[99] escreveu: "O inferno é maravilhoso como um Bodisatva". Se a desgraça nos atinge, podemos aprender com ela, acolhendo tudo com gratidão.

A boca de um monge é como a boca de um forno

Mais de trinta anos se passaram desde o dia em que me tornei monja. O mestre Zen Baso Doitsu disse uma vez: "Por trinta anos, depois de ter superado a fase da dúvida, nunca mais me faltou sal nem *shoyu*". Eu, entretanto, cheguei até aqui caminhando sempre com muitas dúvidas, entre sonhos e delusões e não poderia dizer, como ele, que nada me falta.

Há uma outra frase que ficou gravada: "A boca de um monge é como a boca de um forno". São as palavras de Kaccayana, um discípulo do Shakyamuni Buda, que encontramos no *Tenzo Kyokun*, do mestre Dogen.

Há mais de trinta anos, ouvi-a pela primeira vez durante um Shosan[100], o sermão quinzenal depois do *zazen* e da leitura de sutras da manhã[101]. Como fazia pouco tempo que era monja, sentava-me atrás de inúmeras outras monjas mais antigas que eu. E, tendo apenas quinze anos, não entendi muito bem seu verdadeiro significado. Pensei que a frase significasse simplesmente "os monges comem qualquer coisa", e me espantei com sua estranheza, achando graça.

Ultimamente essa frase, quase esquecida, reapareceu e, surpresa, finalmente compreendi seu verdadeiro significado. Quando falamos da boca do monge, não queremos dizer um órgão de nosso corpo. É a própria vida, o céu e a terra: o próprio Universo! Em uma boca que é a vida inteira, entram todos os tipos de alimento.

Pensei novamente nestas palavras. A vida é mesmo como um forno. No forno, entram todos os tipos de lenha, mesmo as pouco agradáveis. E ainda que não as queira, o forno é obrigado a aceitá-las. Na vida de uma mulher, por exemplo, podem surgir situações como a morte do marido, de um filho ou de si mesma. São todos materiais que se queimam. Mas, como podemos queimar cada coisa indiferentemente?

Um forno acolhe tudo. Aceita e queima qualquer coisa, da lenha mais dura à mais macia, ou mesmo uma rosa cheia de espinhos, sem nenhuma preferência. Cada elemento se transforma em energia térmica e, desse modo, o forno se encarrega de preparar o arroz, cozinhar os alimentos e esquentar a água do banho.

Graças ao forno, podemos comer, manter nossas vidas e limpar a sujeira de nossos corpos e corações. Também na boca da vida entram várias situações: alegrias, tristezas, fracassos, sucessos, dor, amor, ódio e diversos outros combustíveis. Para cozinhar os alimentos que nutrem e sustentam todos os seres e para ferver a água que lava e purifica a todos, como devemos acolher e queimar todas essas experiências? Um forno que se recusa a queimar alguns materiais não funciona bem: solta muita fumaça e não pode cozinhar o arroz. Não apenas deixa de cumprir sua função, mas pode até prejudicar a saúde, com o incômodo de tanta fumaça.

Durante o período em que refletia sobre essas coisas, encontrei uma poesia de Eiichi Enomoto em um jornal:

Abençoado cesto de lixo.
Recebe qualquer coisa:
papéis amassados,
os erros que cometi em momentos de fraqueza...
E em silêncio: sem pronunciar uma única palavra.

Um cesto de lixo não apenas aceita tudo em silêncio, mas também regenera todas as coisas e lhes dá uma vida nova, reintegrando os dejetos no mundo. O que é então este abençoado cesto de lixo? É como a boca do céu e da terra, do Universo. É um forno. Assim é Buda, que aceita da mesma forma tanto a felicidade como a infelicidade, tanto o ganho como a perda, soprando a vida em sua origem.

A vida de um monge que segue os passos de Buda é a própria vida de Buda. A vida de todos os seres e também todos os fenômenos e circunstâncias são as mãos de Buda, mesmo que sejam incômodos. Se pudermos perceber isto, conseguiremos utilizar até mesmo os fracassos e a adversidade para enriquecer e viver plenamente nossa existência, preparando o arroz para todos os seres, fervendo a água para o banho de todos os seres.

Depois de um longo caminho de dúvidas, finalmente consegui chegar a um novo ponto de vista, compreendendo o significado da frase: "A boca de um monge é como um forno".

Coração alegre

O presidente de uma empresa me disse certa vez: "Fico muito envergonhado em falar sobre isto, mas durante muito tempo o banheiro de nossa empresa era cheio de pichações anônimas – um grande problema. Toda vez que pintávamos as paredes, os grafites voltavam. Os avisos e advertências não funcionavam. Porém, um dia, uma faxineira colou um papel na parede, dizendo: 'Meus colegas, peço a gentileza de não sujarem meu precioso local de trabalho'. Pela caligrafia, podíamos perceber que a mensagem tinha sido escrita pela velhinha que fazia a limpeza. Não fui o único a me comover com o bilhete. Desde aquele dia, ninguém mais pichou as paredes. As advertências do presidente ou dos diretores de nada tinham adiantado, mas aquela grafia simples, que mais parecia a de uma criança, funcionou imediatamente. Foi realmente impressionante".

"Meu precioso lugar de trabalho" – que linda expressão! Em geral, a faxina dos banheiros é uma atividade desvalorizada, que até mesmo as próprias faxineiras tendem a menosprezar. Mas essa velha senhora, com profundo orgulho e dignidade, reivindicou a importância de seu precioso trabalho. Todos ficaram muito comovidos com seu pedido admirável: sinal de uma pessoa que dedica a própria vida a um trabalho vivenciado com muita paixão, orgulho e entusiasmo. Até aqueles que continuamente pichavam as paredes se sentiram na obrigação de respeitar o aviso. Aquela senhora tinha demonstrado ter um coração cheio de alegria. E se esse coração não ilustrasse o próprio "espírito de se alegrar" ensinado no *Tenzo Kyokun*, que outro poderia ilustrar?

Todos os trabalhos são maravilhosos. Seu valor não vem das atividades em si, mas da atitude da pessoa que as desenvolve. Qualquer que seja o trabalho, se pudermos enfrentá-lo com a mesma postura dessa faxineira, que encarava a vida com tanta alegria, todas as coisas começarão a brilhar. Nosso trabalho se torna cheio de sentido e traz frutos brilhantes.

Coração ancião

Para desenvolver minha prática de gratidão pelas bênçãos de Buda, assumi uma vez o posto de *tenzo*, cozinhando para os monges durante um *sesshin* de sete dias.

A cada dia, durante o *sesshin*, das quatro da manhã até as nove da noite, trabalhava na cozinha preparando os alimentos. Um dia, fiquei surpresa ao notar que entre os pratos que voltaram da sala de meditação – todos lavados e secos – estavam também dois com restos de comida.

Nos templos Zen, é absolutamente proibido deixar comida nos pratos, pois isso é considerado um desperdício. Olhei então os pratos com atenção e observei que, sobre a verdura, havia dois insetos mortos. Consegui imaginar claramente a cena de duas *unsui* que, enquanto comiam, perderam todo o apetite ao descobrir os insetos, não podendo continuar. Mestre Dogen escreveu no *Tenzo Kyokun*: "Escolha o arroz tirando os insetos. Faça uma criteriosa seleção dos grãos, removendo o farelo, a poeira, a areia e as pedras, concentrando-se no trabalho, sem deixar qualquer rastro". Apesar de acreditar ter lavado as verduras com toda a atenção, deixei passar dois insetos.

Depois deste retiro de *zazen*, durante uma palestra pedi desculpas por minha desatenção. Era verdade que tinha cometido um erro, mas aproveitei para contar esta história:

"Quando era pequena, um professor especializado em cultura do bicho-da-seda se hospedou em nosso templo. Ele me contou um erro que tinha cometido quando estava na prefeitura de Aichi. Nessa zona do Japão, a cerimônia do chá é muito difundida. Aqui em Shinshu, como em outras partes do país, costuma-se usar o chá de infusão, mas naquela região normalmente se usa o chá em pó. Um dia de muito calor, o professor estava com tanta sede que parou em uma casa de camponeses para pedir uma xícara de chá.

Em Aichi, mesmo uma casa de agricultor possui uma sala de chá. No entanto, o velhinho dessa casa era um grande apreciador da cerimônia do chá. Este homem não entendeu que o professor queria apenas tomar uma xícara de chá para aplacar a sede. Respondeu: 'Claro, como queira! Por favor, aguarde um pouco', e foi trocar de roupas e preparar a sala. O professor, que nada sabia sobre a cerimônia, se encontrou em dificuldades, mas não podia mais fugir da situação. Então, cometeu inúmeros erros, engolindo simplesmente o chá que o velhinho tinha preparado com tanto cuidado. Terminado o vexame, fugiu o mais rápido possível. Porém, o mais importante da história é o que aconteceu depois.

O velhinho divulgou para toda a vizinhança que o professor era um verdadeiro entendedor da cerimônia do chá, e que para ele não se podia servir um chá qualquer. Não se deveria arriscar convidá-lo para uma cerimônia sem ter atingido o seu nível.

Outro teria denegrido o professor, dizendo que ele nada sabia sobre a cerimônia do chá. O velhinho, entretanto, ficou profundamente arrependido por ter-se equivocado, não adivinhando suas verdadeiras intenções e fazendo com que o professor passasse vergonha. Lamentando-se por sua própria desatenção, que tinha colocado seu hóspede em uma situação embaraçosa, espalhou o boato para evitar que o professor tivesse outros problemas naquela comunidade. Certamente este senhor era um verdadeiro conhecedor da cerimônia do chá, não é mesmo?"

O mestre Sen no Rikyu[102], ensinando o espírito verdadeiro da cerimônia do chá, dizia: "Sirva o chá pensando no coração do convidado. Receba o chá pensando no coração do anfitrião. O erro do convidado é o erro do anfitrião. A desatenção do anfitrião é a desatenção do convidado". Se oferecemos um prato com insetos, nossa falha como anfitriões é clara. No entanto, se recebermos uma porção dessas, não devemos deixar comida no prato, ressaltando o erro. Seria um comportamento pouco atencioso. Se eu recebesse um prato assim, removeria o inseto com um lenço de papel ou guardanapo e, ainda que sentisse um pouco de nojo, comeria o restante. Os convidados que causam tristeza aos anfitriões e os fazem passar vergonha não são bons convidados.

É difícil se colocar na situação dos outros. Por exemplo, procuramos visitar nossos amigos quando estão doentes ou se acaso foram vítimas de um incêndio. Mas o fazemos porque realmente nos importamos, nos lamentamos de fato com o acontecido? Ou o fazemos porque é assim que manda a etiqueta, para que não nos julguem uma pessoa fria ou ingrata? Neste último caso, agimos sem pensar realmente nos outros, e sim nos preocupando exclusivamente com nossa reputação. Esse tipo de visita não contém nenhuma sinceridade, além de ser cansativa para os doentes.

Como já contei antes, há muitos anos passei cerca de vinte dias no hospital. Para evitar cansar-me com as visitas, não contei para ninguém. Ainda assim, a notícia se espalhou e as pessoas vieram me visitar. Fiquei muito grata àqueles que se dispuseram a vir, apesar do calor de agosto, mas de qualquer maneira aquelas visitas me exauriam, deixando-me extenuada. Entre todos esses visitantes, lembro-me em especial de uma senhora que veio com seu avental e roupa de trabalho, dizendo:

"Mestra, há algo para lavar? Deseja que eu lhe massageie um pouco as costas?"

Ouvindo isso, tive vontade de chorar e juntei minhas mãos em prece, cheia de gratidão.

O mestre Dogen nos convida a fazer a mesma coisa, de maneira ainda mais rigorosa. Em seu *Tenzo Kyokun*, ensina a não considerar como preciosos apenas os seres humanos, mas também os objetos. "Trate com atenção as panelas e os pratos, assim como trata seus olhos e sua cabeça. Pense na água como em seu próprio corpo. Pense no arroz e nos grãos como se fossem seus filhos, e os trate com o cuidado de um pai. Este espírito cheio de cuidado é chamado de Coração Ancião".

Se conseguir trabalhar pensando sinceramente nos outros e não em mim mesma, ainda que uma só vez ou por apenas um breve instante, acho que seria muito feliz.

Coração grande

A palavra *kanshiketsu* significa, literalmente, "espátula para remover excrementos".

Há muito tempo na China, um peregrino perguntou a um monge chamado Unmon[103] o que era Buda. Unmon respondeu que era um *kanshiketsu*, uma espátula para remover excrementos. De fato, quando a abadessa ou qualquer uma das monjas responsáveis se ausenta por uma semana ou dez dias, nenhuma *unsui* passa dificuldades. Mas se lhes faltasse papel higiênico, seria bem mais difícil. No passado, para isso se utilizava o *kanshiketsu*: enquanto jogamos fora o papel higiênico depois de usá-lo, a espátula podia ser lavada e utilizada inúmeras vezes. A espátula, com o uso, se suja com nossos excrementos malcheirosos, na tarefa de nos limpar. Essa espátula que limpa o outro, sujando o próprio corpo, não é o próprio Buda? Também a espátula ou o papel higiênico são Buda. Quando pensei nisso, juntei minhas mãos e me perguntei: "Se me fosse dada a função da espátula, poderia realizá-la com prazer e orgulho, da mesma maneira que realizo meus afazeres de abadessa?" Acredito que não conseguiria. Provavelmente ficaria sentida e me lamentaria. Comparando minha função com a dos outros, sofreria de um miserável complexo de inferioridade.

Kosho Uchiyama Roshi dizia: "As violetas são violetas, não podem ser rosas. As rosas são rosas, não podem ser violetas. Germinar, florescer, secar, envelhecer, adoecer: são estados. Trabalhando seriamente, cada estado pode ser belo como uma flor. Com essas flores, embelezamos o instante presente do Universo". É realmente uma ideia grandiosa. Na sociedade humana existem inúmeros tipos de trabalho e posições altas e baixas. Mas no mundo da verdade, no mundo de Buda, nada é inútil. Cada coisa é igualmente importante, insubstituível e preciosa. Ninguém é insignificante ou dispensável.

Sem a espátula ou o papel higiênico, não podemos seguir em frente nem por um único dia. Se o caminhão de lixo não passar em nossa rua, estaremos em dificuldades. Estar cobertos de pó e excrementos é a forma suprema do estado de Buda. Isto é muito claro na teoria, mas quando chega nossa vez de sujar realmente as mãos, nos lamentamos e reclamamos: "Por que eu tenho de fazer esta tarefa tão dura?" Fico muito admirada por Unmon ter ensinado algo tão importante com tanta simplicidade. Quão grandes e maravilhosos são os ensinamentos de Buda!

Uma vez o mestre Yoshio Toi[104] deu uma palestra em meu templo, que se chamava "Curvar-se à planta dos pés das pessoas". Por ocasião de uma outra conferência, outro palestrante se curvou aos pés do mestre Toi e massageou suas solas, dizendo: "Professor Toi, quando voltar para casa, por favor massageie a planta dos pés de sua mulher, como eu fiz agora". Assim, depois de uma longa viagem, o mestre retornou à casa e, tarde da noite, curvou-se com esforço e começou a massagear a planta dos pés de sua esposa. Estava em posição de rezar. Tempos depois nos contou suas impressões dessa experiência:

"Depois de mais de vinte anos de casados, se pensar bem, só nesta ocasião vi pela primeira vez a planta dos pés de minha mulher. Pensava que fossem mais bonitas e macias, mas eram rústicas, grossas e deformadas. Depois entendi. Minha mulher nasceu em um templo urbano e, assim, quando chegou ao meu templo, sendo uma jovem esposa, devia ter pés muito belos. Mas, em minha ausência – sempre ocupado com os afazeres e atividades, sem me dar conta do trabalho que acontecia nos campos ao redor de nosso templo – minha mulher, que era sozinha, fazia o trabalho dos camponeses, subindo e descendo os caminhos das montanhas, cheios de pedras e raízes, com carga nas costas. Por isso seus pés sofreram tanto. Quando tive essa compreensão, me inclinei e rezei de todo o coração, massageando seus pés com fervor."

Será que já examinamos atentamente e apreciamos as plantas de nossos pés que, para suportar nosso corpo, são sempre pisadas e golpeadas? E ainda que o tenhamos feito, entendemos realmente seu valor verdadeiro sem ter de fazer comparações com outras partes do corpo? Seríamos capazes de fazer seriamente e com alegria um trabalho desses? "Aquele que, sujando-se com excrementos e pó, limpa os outros e, fazendo-se de suporte, sustenta todos os seres, não é outro senão o próprio Buda." Entretanto diferenciar, discriminar entre benefícios e méritos não é correto. No Caminho não há espaço para pensamentos dessa natureza.

Há três anos me deram um *shikishi* com os dizeres:

> *"Mesmo se for pisada no Caminho, não se zangue."*
>
> *Conta-se que no passado houve quem tivesse de pisar a figura de Cristo para provar que não era cristão. Dizem que ao fazê-lo ouviu palavras sussuradas:*
>
> *"Pise, pise, meu filho. Vim a este mundo para ser pisado."*
>
> *Pode parecer que este é o ponto em que deveríamos chegar. Mas nós, budistas, dizemos:*
>
> *"Não se iluda! Desperte! Esqueça as ilusões."*

Pois mesmo as palavras de Cristo, nessa situação, são colocadas como se o fato de ser pisado fosse desagradável, alguma coisa a ser suportada.

Mestre Dogen menciona "três funções" no *Tenzo Kyokun*. Provavelmente queria dizer que devemos assumir o trabalho de *tenzo* e *kanshiketsu* com a mesma seriedade e simplicidade com que assumimos o posto de abade.

O mestre acrescenta: "Preparar uma simples sopa não deve ser motivo de desgosto ou desprezo. E preparar um prato especial e refinado não deve ser motivo de alegria e agitação". Isso significa que não devemos mudar nosso comportamento de acordo com as situações externas. Na parte final do texto, falando dos "três corações", o mestre conclui: "O coração magnânimo é imparcial e independente como uma montanha altíssima ou o mais profundo oceano. Não dá preferência a nada, está livre de preconceitos e não assume posições intransigentes". Ocupar-se de qualquer coisa com alegria e devoção, sem manifestar preferências – quer se trate do *kanshiketsu* ou das tarefas de abade, ou mesmo de cozinhar uma simples sopa ou preparar um prato especial – tudo isso pode ser definido como ter "um coração magnânimo", "um grande coração".

Coisas altas em lugares altos, coisas baixas em lugares baixos

Com relação à espátula para remover excrementos, lembrei-me de uma outra história. Alguns anos atrás, depois de uma peregrinação que fiz à Índia para visitar os lugares sagrados onde Buda esteve, conversando com um médico contei-lhe sobre as dificuldades que passei por não conseguir encontrar banheiros durante a viagem. O doutor me contou então sobre sua experiência como médico do Exército na Birmânia e na Tailândia, durante a Segunda Guerra Mundial:

> *Os banheiros só são usados pelas pessoas da alta sociedade; as pessoas comuns fazem suas necessidades a céu aberto. Uma vez que os médicos, assim como os monges, eram respeitados como pessoas de alta estirpe, eu podia usufruir dos sanitários. Quando entrei em um deles pela primeira vez, em um canto observei algo que lembrava um vaso para guardar palitos. Dentro, estavam bastõezinhos pretos, como aqueles usados para comer arroz. Em outro canto, havia um segundo vaso que continha bastões iguais, mas aos quais algo seco estava aderido. No início, não compreendi do que se tratava. Mas depois percebi que eram como o papel higiênico no Japão. Os bastões usados eram lavados e secos para serem utilizados novamente. Os soldados japoneses os confundiram com palitos de comer. Como ali não era fácil encontrar madeira, ficaram felizes em trazer de volta para a caserna aqueles palitos, que queriam usar para comer. Quando soube disso, fiquei sem graça de explicar sua verdadeira função.*

Caindo na gargalhada, compreendi que a história da espátula ainda faz sentido. Por mais precioso ou indispensável que possa ser, o *kanshiketsu* não pode ser confundido com palitos de comer. Ambos têm o mesmo valor, mas ainda assim palitos são palitos e espátulas são espátulas. Isto foi explicado de maneira muito bonita por um antigo sábio:

"As cores da primavera podem ser encontradas em toda parte. A diferença está nos galhos das flores, mais longos ou mais curtos." Em outras palavras, a primavera chega para todos, com imparcialidade. Não chega mais cedo porque alguém a deseja, ou mais tarde porque alguém a desagradou. Em todos os campos, chega igual para todos. A luz do Sol envolve tudo sem diferenciações, as violetas desabrocham como violetas, as rosas abrem suas pétalas como rosas e assim é com todas as outras flores; a haste de cada uma tem seu próprio tamanho, segundo sua própria natureza única. Para explicar isto no *Tenzo Kyokun*, mestre Dogen cita Isan e Gyozan[105]: "Ponha no alto as coisas que devem ficar no alto, ponha em baixo as coisas que encontram mais estabilidade em um lugar mais baixo. Aquilo que por sua própria natureza pertence ao alto está melhor ali, assim como aquilo que normalmente vai em baixo, lá encontra sua melhor estabilidade". Os recipientes para arroz, as colheres para servir, cada coisa deve ser guardada com carinho em seu lugar certo. Não devemos manusear os objetos superficialmente, tomando cuidado com aqueles que custaram mais caro e não dando atenção aos mais baratos. Todas as coisas do céu e da terra devem ser colocadas em seu lugar com cuidado. Elas existem simplesmente porque existem, pois cada uma já tem seu próprio lugar.

1, 2, 3, 4, 5

O taxista murmurou:

"Que tristeza! É muito sem graça passar a vida toda em um trabalho como este."

Sem querer, exclamei:

"Seu trabalho não é nem um pouco triste, porque ajuda realmente as pessoas. O senhor é como braços e pernas para as pessoas, levando-as aonde precisam ir. Pessoas como eu não poderiam fazê-lo sem o senhor. Eu sou muito lenta e por isso estou sempre atrasada. São vocês taxistas que me salvam, são muito hábeis e correm no limite da velocidade para que eu possa chegar a tempo. Vou a muitos lugares, mas sempre me esqueço de levar guarda-chuva. E quando, de repente, me encontro sob um temporal, são vocês que me levam e me impedem de me molhar. Às vezes levo tantas bagagens comigo que pareço estar fugindo de casa, mas vocês me ajudam sempre pontualmente e com cortesia. Não tenho nenhum sentido de direção e com frequência me perco, porém vocês me levam sempre ao lugar correto, perguntando pelo caminho caso seja necessário. No meio da noite, levam para casa aqueles que perderam o último trem, ou aqueles que beberam demais e mesmo os doentes. E, quando todos estão descansando nos feriados, são sempre vocês que trabalham. Não existe nenhuma profissão tão bela como esta".

Como a corrida era longa, continuei a falar:

"Tudo faz sentido e tem seu valor. Outro dia, fui fazer uma palestra em uma fábrica de relógios e calculadoras. Depois da conferência, o presidente da empresa me levou para conhecer o interior da fábrica. Fiquei realmente impressionada. Os operários estavam montando peças tão minúsculas que não podiam ser diferenciadas umas das outras. É um trabalho contínuo, uma linha incessante de produção. Se se coloca qualquer coisa fora de lugar, ainda que seja por milímetros, ainda que seja a ponta de uma agulha, o relógio ou a calculadora não funcionará com a devida precisão, ou pode até parar. Percebi que cada pedacinho, por menor que fosse, era responsável por todo o mecanismo.

Refleti então que uma família, ou para ampliar a imagem, uma sociedade, nação ou mesmo o Céu e a Terra e todo o Universo são como esses mecanismos. A maior parte das pessoas avalia as coisas sempre por critérios de superioridade, inferioridade ou importância. Mas se consideramos essas mesmas coisas do ponto de vista da verdade, damo-nos conta de que todas são iguais e que não existem essas escalas de valores. Cada mínima coisa neste mundo é responsável por toda a família, a sociedade, o Universo inteiro. Nossa perspectiva muda radicalmente se percebemos a diferença entre um trabalho feito contra a vontade – porque achamos que seja dispensável, inútil ou mecânico – e uma tarefa executada com a consciência de estar sustentando o céu e a terra, sustentando todo o passado, presente e futuro.

Quando Buda nasceu, indicou com uma das mãos o céu e com a outra a terra, dizendo: 'No céu e na terra, apenas eu devo ser adorado'. Você sabe disso, não sabe?

Com estas palavras, ele não está dizendo que é o mais importante. Todas as pessoas, todos os trabalhos, todas as flores e pássaros, todos os seres são responsáveis pelo Universo, independente de estarem cientes disso ou não".

Suponho que tenha sido presunçosa ao falar assim com o taxista, mas ele me ouvia com atenção, como se eu fosse uma profunda conhecedora da natureza humana. Ele disse, com agradecimento:

"Tenho a sensação de ver um pouco de luz em meu caminho, com o seu comentário tão cheio de calor humano. Agora trabalharei com mais prazer".

O mestre Zen Setcho[106] disse:

Um, sete, três e cinco,
para buscar a verdade
nunca fixei minha morada.
Noite profunda, Lua brilhante.
Sob o oceano azul
busquei a joia do dragão negro
e encontrei muitas sob as ondas.
Buscando a Lua, a encontro aqui:
nesta onda, e na próxima, e na próxima.

Estas palavras me agradam muito. A frase "um, sete, três e cinco" sugere a imprevisibilidade de nossas vidas. Pode acontecer qualquer coisa. A vida nunca segue um modelo preestabelecido. Se nos preocupamos em buscar onde a verdade se esconde, ou saber a razão de ser de um determinado trabalho, buscaremos sem trégua fora de nós mesmos. Mas, assim como a Lua brilha sobre a crista de cada onda, cada coisa e cada pessoa tem um sentido e emana seu próprio fulgor. Não existem seres ou objetos insignificantes. É exatamente isso que ensinavam os antigos mestres, como Tenso, do Monte Ikuo[107].

Por essa razão, Mestre Dogen escreveu o *Tenzo Kyokun* e o "Fushukuhan-po"[108], e sobretudo os capítulos "Senjo"[109] e "Senmen"[110], no *Shobogenzo*.

As quatro estações em uma só paisagem

Querendo apreciar o verão e o ar fresco das montanhas de Shinshu[111], eu e cerca de vinte ex-alunas minhas de cerimônia do chá[112], de quando ensinava em Tóquio, nos encontramos em meu templo nos Alpes Japoneses, na prefeitura de Nagano. Levávamos conosco apenas o estritamente necessário e fizemos assim uma excursão de Kamikochi até o Rio Azusa, onde preparamos uma cerimônia do chá ao ar livre. Depois visitamos o Lago de Myojin.

O ar fresco da montanha era tão agradável que mesmo que apertássemos os passos não chegávamos a suar. A cor linda das árvores que não conheciam a poluição era tão exuberante que parecia tingir-nos de verde. O vento trazia o canto de diversos pássaros. Entre os pinheiros e as bétulas, podíamos discernir a correnteza do Rio Azusa, enquanto os raios de sol do verão dançavam sobre a crista das ondas. Os seixos no fundo do rio eram visíveis, de tão transparente que era a água, assim como as águas que ondulavam na corrente. Cada coisa podia ser observada em seus mínimos detalhes, como se pudéssemos tomá-las nas mãos. À sombra das pedras cresciam musgos e outras plantas, banhadas pelos respingos do rio. No céu de agosto, perfeitamente límpido, algumas nuvens brancas flutuavam oportunamente, como se amenizassem a imagem severa do Monte Hodaka.

Nesse cenário, eu caminhava apreciando o panorama que a todo instante revelava novas nuances, mudando a cada passo. Havia esquecido totalmente do motivo de nossa excursão, o Lago de Myojin. Concentrada na maravilha daquele cenário de flores e plantas silvestres, seguia as borboletas e libélulas. Repentinamente, duas vozes interromperam minha absorção:

"Falta muito para chegar ao Lago de Myojin?"

"É mesmo! Está longe? Estou ficando cansada."

As garotas continuavam a perguntar a quem quer que encontrassem no caminho. Queriam saber quanto tempo faltava para chegar ao lago. Então, lembrei-me de um trecho da "Arte secreta da viagem", de Hermann Hesse:

Os olhos que buscam com pressa
apenas a destinação final da viagem
nunca podem conhecer o doce vagar.
Florestas, rios e espetáculos maravilhosos,
toda a imensidão de cada ponto do caminho
estão fechados a eles.

A arte secreta da viagem está em apreciar plenamente tudo o que se encontra ao longo do caminho. Se tivermos pressa em chegar ao ponto final, não perceberemos as florestas e os riachos, nem mesmo o brilho puro e instantâneo das estrelas. Lembrando-me novamente da poesia de Hesse, percebi que o mesmo ocorre com a vida. Precisamos viver apreciando cada passo do caminho, percebendo que cada um é o próprio Lago de Myojin, a própria destinação final. O Lago de Myojin deve ser visto apenas como um ponto de orientação, para que saibamos a direção a tomar. Mas nossa verdadeira meta era exatamente aquilo que estava ali, na nossa frente. Assim é a vida: se o objetivo é apenas o Lago de Myojin, o que poderemos fazer se, na vida real, acontecer algo logo antes de chegarmos a nosso destino? Alguns anos atrás, aqui no Monte Hodaka, estudantes secundários tiveram um acidente e correram perigo por causa de um temporal, repleto de raios e trovões. Para cada um de nós, da mesma maneira, existe a possibilidade constante de acidentes. Às vezes caímos doentes durante o trajeto. Nesse caso, se tivéssemos caminhado apenas para chegar ao Lago de Myojin, sem aproveitar o percurso, o esforço feito até aquele momento seria totalmente inútil, ainda que chegássemos a um passo de nossa meta. Apenas quando temos consciência de que cada passo é a própria destinação, quando apreciamos cada etapa como um espetáculo sem repetição, então estamos preparados para aceitar um final para nossa existência, em qualquer ponto do caminho.

O que significa alegrar-se ao longo da estrada da vida? A existência reserva muitas surpresas: há momentos em que fracassamos em um trabalho no qual estávamos totalmente empenhados. Em outros, somos incompreendidos ou nos sentimos circundados de inimigos. Podemos nos sentir à beira de um abismo, por termos perdido esposa, marido ou filhos. Ou então conhecer o desespero de uma doença incurável, ou de não ter o que comer. Por outro lado, às vezes estamos tão extasiados que acreditamos poder tocar o arco-íris com a ponta dos dedos. Quanto mais mudanças de paisagens houver, mais interessante é o percurso. Desse modo é a viagem da vida. É importante não ficarmos condicionados. Precisamos aprender a observar a paisagem e apreciar cada etapa do caminho.

O mestre Dogen escreveu no *Tenzo Kyokun*: "A Grande Mente é imparcial e independente como uma grande montanha ou um vasto oceano. Quando levar algo que pese poucos gramas, não pense que é leve. Da mesma maneira, ao levantar um peso de muitos quilos, não pense que é pesado. Quando ouvir a voz da primavera, não se exalte. Se vir as cores do outono, não se deprima. Observe as quatro estações como uma cena integral, uma paisagem completa".

"A voz da primavera" simboliza as condições favoráveis, enquanto "as cores do outono" assinalam os momentos adversos.

Quando nos acontece alguma coisa triste, perdemos a calma, buscamos fugir, o entusiasmo nos abandona e perdemos a coragem. Por outro lado, quando nos encontramos em situações propícias, nos gabamos, cheios de arrogância, pensando que somos superiores. A boa sorte pode nos embriagar. Mas mestre Dogen dizia que precisamos sempre observar as quatro estações como uma cena completa, pensando que tanto a felicidade quanto a infelicidade compõem uma única paisagem. Devemos apreciar ambas, sem perder a calma. A Natureza, como a viagem da vida, prossegue sem levar em conta nossas pequenas preocupações pessoais, nossos problemas medíocres e mundanos.

Se um louva-a-deus ataca uma grande roda apenas porque ela o desagrada, a única coisa que consegue é morrer. Quando jogarmos fora nossos pequenos óculos egoístas e confiarmos nosso corpo e mente à grande natureza, conseguiremos sentir o perfume da ameixeira que permanece no vento frio, o vibrar da nova vida que se esconde na lama primaveril e as vozes acolhedoras das ervas e árvores que se alegram em meio às chuvas e temporais.

CAPÍTULO III

AMOR DE MÃE E AMOR DE BUDA

O dom de um rosto sorridente

Sua presença
alegra o ambiente.
Sua presença
tranquiliza a todos.
Eu também desejo me tornar uma pessoa como você.

Esta é minha poesia preferida de Mitsuo Aida[113], da cidade de Ashikaga[114]. Significa que ao estarmos com outras pessoas, ainda que não consigamos pensar em nada de particularmente importante para dizer ou demonstrar, seria suficiente tentar animar o ambiente que nos circunda com nossa própria presença, colocando cada um à vontade. Quando encontro uma pessoa que consegue fazer isso, fico realmente feliz. Olho-a com admiração, desejando que também eu conseguisse fazer o mesmo. Por outro lado, quando encontro uma pessoa de caráter oposto, cuja presença torna a atmosfera pesada e provoca irritação em todos, tenho a sensação de ver a mim mesma e isso me entristece. Este último tipo de pessoa faz-me refletir sobre minha pior faceta: sobre a possibilidade, por exemplo, de que eu mesma possa estar espalhando a escuridão, a ansiedade e a tristeza pelos lugares que visito.

Há muito tempo, o professor Toru Matsui[115] me contou uma história verídica sobre Reiko Kitahara, uma jovem cristã, filha de um professor universitário.

No final da Segunda Guerra Mundial, em uma parte de Tóquio que tinha sido devastada pelos bombardeios, surgiu uma favela chamada de "cidade das formigas", cujos habitantes recolhiam lixo. Um dia, Reiko decidiu ir viver nesse lugar. Reuniu as crianças da região, que eram pobres demais para ir à escola, e começou a ensiná-las. Perdendo horas de sono, cuidava também dos doentes e dos velhos que viviam sozinhos. Todas as manhãs, com um belo e alegre sorriso, saudava centenas de trabalhadores que saiam para recolher o lixo puxando seus carrinhos cheios de lenha. A cada um ela dizia palavras de apoio: "Tenha um bom dia". Quando voltavam, acolhia a todos sem distinção, dizendo: "Bem-vindos! Agora é hora de descansar". Os homens rústicos que habitavam aquela favela totalmente degradada pela guerra se esqueciam de seu cansaço e infelicidade, apenas ao contemplar aquele belo sorriso. Aos poucos, Reiko veio a ser conhecida como a "Beata Virgem da Cidade das Formigas", sendo venerada por todos.

Anos depois, por excesso de trabalho, a jovem adoeceu com tuberculose. As pessoas pediam que ela voltasse para a casa de seus pais para se curar, mas ela sempre dizia que desejava morrer ali. Nunca voltou à casa de sua família. Depois de ter lutado contra a doença sobre um velho futon, no canto de um barraco em péssimas condições, onde as correntes de vento frio entravam por todas as numerosas frestas, sem tomar remédio, sem se nutrir adequadamente, Reiko morreu, na flor de seus vinte anos.

Depois de sua morte, sobre a almofada da jovem foi encontrado um pequeno caderno, que ela abria de tempos em tempos no leito. O mestre Matsui, imaginando que algo muito importante estivesse escrito ali, abriu-o e encontrou apenas a seguinte frase: "Você por acaso não se esqueceu de sorrir neste exato momento?" Reiko nunca perdeu o sorriso, nem mesmo quando sofria com a febre alta. E, no entanto, depois de tudo, não era uma santa, mas um ser humano normal. É provável que também para ela tenha havido momentos difíceis, em que ela teve vontade de chorar de saudades ou de sofrimento, apesar de seu desejo de poupar os outros da dor. O mestre, depois de ler essa frase, deu-se conta, pela primeira vez, de que o sorriso de Reiko era resultado de um grande esforço e que a jovem refletia sempre sobre si mesma ao abrir o caderno. Os olhos do mestre, ao terminar de contar esta história, estavam cheios de lágrimas.

Sorrir sempre. Pode parecer muito fácil, mas na verdade é muito difícil. Quando as condições são favoráveis, quando as coisas acontecem como desejamos, qualquer um consegue sorrir facilmente. Sorrir sempre. Fazer isso quando estamos em uma situação desagradável é bem mais difícil. Poucas pessoas conseguem ver-se como são realmente, com seu rosto descoberto. Quando nos olhamos no espelho, vemos nosso próprio rosto coberto pelas máscaras que mostramos aos outros. Se mostramos abertamente em nosso rosto as expressões desagradáveis do cansaço ou da raiva, são os outros e não nós que as têm de suportar. Isto é mesmo desagradável. Como seres humanos, é natural que nos cansemos. Mas acredito que, qualquer que seja nosso humor, temos de controlar nossa expressão de modo a não causar inconvenientes aos outros. Temos de assumir a responsabilidade por nós mesmos, para evitar manifestações desagradáveis que apenas se somariam aos problemas do mundo.

Nas palavras do Jizo Bosatsu Dharani[116] – *"on ka ka kabisanmaei"* – *ka ka* representa uma grande risada e *kabisanmaei*, cuja tradução japonesa é um *kanji*, significa "sorriso". Estas palavras são o desejo da Mãe-Terra expresso em um sorriso bonito e profundo.

Buda deseja que todos os seres vivam como a mãe que sorri e aceita os outros em qualquer situação, acolhendo a tudo e a todos com os braços abertos. É por isto que o "dom de um rosto sorridente" é considerado superior às "sete oferendas que não custam nada".

Olhar intensamente a vida

O pequeno órfão
Convencido de que a mãe está chegando
Bate as mãozinhas.

O poeta Issa Kobayashi[117] vivia na zona de Shinshu, na prefeitura de Nagano. Era um homem sem sorte: sua amada esposa morreu jovem, deixando-o com um filhinho. Na ocasião do primeiro Obon[118] depois da morte de sua esposa, o poeta escreveu esses versos, com lágrimas nos olhos à visão de seu filhinho.

Pouco tempo depois, o garoto seguiu sua mãe, indo para o outro mundo, e Issa escreveu este *haiku*[119]:

Os cravinhos cor-de-rosa
estão em flor
ao redor do Jizo.

O escritor imaginava que seu filho fosse um desses cravinhos, invocando assim a proteção de Jizo Bosatsu, para que o menino que ele tinha amado tanto fosse feliz no outro mundo.

O termo Obon deriva do sânscrito "*ullambana*", e se refere à salvação do tormento de permanecer de cabeça para baixo no inferno. Podemos nos lembrar da história de Mokuren Sonja[120], que por meio de seu grande amor salvou a própria mãe de um dos infernos budistas – o reino dos espíritos famintos – onde estava presa de cabeça para baixo.

Mokuren Sonja, depois da morte de sua mãe, teve uma visão desse reino. Com pesar no coração, perguntou a Buda como poderia salvá-la e Buda lhe disse que, se fizesse doações a seus colegas monges, acumularia méritos que seriam transferidos à sua mãe, liberando-a de sua pena. Esta história ensina a importância do amor filial e da transferência de méritos aos antepassados.

Nascemos herdando a vida e as orações de nossos inumeráveis predecessores. Com relação a nossos avós, por exemplo, somos como o ápice de uma pirâmide cuja base se alarga até o infinito, representando todas as gerações passadas. Nossa existência atual é a soma de tudo o que as gerações anteriores fizeram. Nós somos, ao mesmo tempo, o ponto de partida para nossos descendentes. Tudo aquilo que nossos antepassados fizeram se reflete em nós, e tudo o que fazemos se reflete em nossos descendentes e em nossos predecessores. Desta maneira, se provocamos o mal, deixamos uma mancha indelével em todos, tanto nos descendentes quanto nos antepassados. A vida de um indivíduo não é completamente sua; é consequência do passado e tem responsabilidade pelo futuro. Por esse motivo, devemos viver cada dia com muita atenção.

Este é o significado da festa de Obon e do antigo episódio associado ao *ullambana*. Buda admoestava a todos que se esqueciam disso e viviam vidas centradas apenas em si próprios. Segundo a tradição, pessoas assim estão destinadas a ficarem penduradas de cabeça para baixo no reino dos fantasmas famintos.

O amor de Hariti, a mãe-demônio

A cada ano, entre minhas alunas de cerimônia do chá, seis ou sete se casam e cinco ou seis se tornam mães. Como tenho uma péssima memória, procuro aprender o nome de todas, o que é realmente cansativo. Às vezes, no meio da noite, recebo um telefonema da família de alguma ex-aluna, informando que esta acaba de ter um lindo bebê, e me dizem o nome da criança.

Fico sempre muito feliz, como se tivesse nascido um netinho meu. Uma velha aluna me escreveu: "Quando meu filho tiver crescido o suficiente para poder compreender, gostaria de levá-lo ao templo para ouvir suas palestras sobre Buda. Espero que assim meu filho estabeleça, por intermédio da senhora, uma ligação com o Darma".

Quando leio cartas assim, fico realmente contente. Vez por outra, uma jovem vem me visitar com seu bebê recém-nascido, voltando da cerimônia xintoísta de agradecimento a Kami Sama – a *miyamairi*[121]. Ou então, há quem chegue com duas crianças, uma no colo e outra pela mão. Não consigo resistir a tamanha alegria, e tomo o pequeno nos braços por alguns instantes, esquecendo-me de mim mesma.

Até pouco tempo atrás, quando estudavam a cerimônia do chá ou quando estavam para se casar, estas jovens pareciam ainda menininhas de olhar inocente. Mas quando voltam para me mostrar seu primeiro filho, depois de um ano de casamento, me surpreendo ao constatar o quanto parecem ter amadurecido, sem exceções. É a maternidade que as faz adultas, de repente. É como se, de uma só vez, tivessem atravessado diversos estágios da vida. Trocam as fraldas com alegria, observam a cor das fezes para verificar se estão saudáveis, mastigam antes os alimentos que a criança não consegue engolir. Quem mais do que uma mãe pode fazer coisas assim? Para a mãe, a criança não é algo externo a si própria. É ela mesma. É como se o filho fosse uma existência ainda mais preciosa que a dela.

O que essas jovens expressam, sem exceção, é gratidão por suas mães. Falam-me muito modestamente e com grande sinceridade das dívidas que têm com suas próprias mães: obrigações que conseguiram compreender pela primeira vez depois de terem tido, elas próprias, um filho. É realmente comovente ver e ouvi-las com seus filhinhos. Observando-os, espero sempre que eles consigam estender seu amor a seus próprios filhos, por sua vez, e a gratidão à suas próprias mães, até abraçar toda a humanidade.

Se queremos encontrar um exemplo do amor de Buda neste mundo, basta observar uma mãe que toma conta de seu filho. O amor materno é muito semelhante ao amor de Buda. Por outro lado, de certa maneira, o amor materno também é uma manifestação do instinto animal.

Em um templo na prefeitura de Okayama, existe uma tumba para os filhotes de baleia. O filhotinho de baleia nunca se separa da mãe e, quando esta é caçada, os filhotes também morrem. Esta tumba para os filhotinhos foi construída pelos sócios da corporação dos caçadores de baleia, que se sentiam culpados.

Em um conto intitulado "Pardal", do escritor russo Turgenev, também há um exemplo de amor materno entre animais. Um pequeno pássaro, que ainda não sabia voar, caiu do ninho por causa do vento. Para defendê-lo de um cão de caça que tinha se aproximado, a mãe passarinho se lançou contra o cachorro como se fosse uma pedra e salvou seu filhotinho, sacrificando-se. "O amor é mais forte que a morte, mais forte até que o medo de morrer", Turgenev concluiu em seu conto.

O amor maternal dos animais não é de maneira nenhuma inferior ao humano. Então como pode o amor daquelas jovens mães ser semelhante ao amor de Buda? Em um sutra budista se conta a história de Hariti, uma mulher diabólica que depois de se casar teve inúmeros filhos. Um dia – não se sabe por quê – começou a matar todas as crianças da cidade de Rajagrha, capital da dinastia indiana Magadha. Com medo, as pessoas de Rajagrha não deixavam seus filhos saírem de casa nem durante o dia. Buda, muito preocupado com a situação, chegou uma manhã a Rajagrha e fez uma visita à casa de Hariti. Ela havia saído, mas seu filho mais novo estava ali, brincando sozinho. Utilizando seus poderes sobrenaturais, Buda o escondeu dentro de sua tigela de oferendas e o levou embora, sem ser visto. Quando Hariti voltou para casa, descobriu que seu amado filhinho tinha desaparecido e começou a buscá-lo por toda parte, chorando inconsolavelmente. Andou por vales e montanhas, cidades e vilarejos e, incapaz de encontrá-lo, prostrou-se aos pés de Buda e suplicou:

"Meu filho mais novo desapareceu. Estou prestes a enlouquecer. Por caridade, tenha misericórdia de mim e me faça encontrar novamente meu filhinho".

Buda perguntou, com calma:

"Quantos filhos você tem?"

Quando Hariti disse ter inúmeros filhos, Buda falou de maneira que ela compreendesse:

"Hariti, se você está tão triste apenas por ter perdido um de seus inúmeros filhos, imagine então a dor de todas as mães que perderam seu único filho por sua causa!"

Hariti se deu conta, pela primeira vez, da gravidade de seus atos e começou a chorar incessantemente. Depois se confessou com seriedade, manifestando seu arrependimento, prostrou-se em frente a Buda e tomou refúgio em seus ensinamentos. Desse modo, recuperou seu filho tão amado. Dizem que, depois disso, Hariti se tornou uma divindade benévola, protetora das crianças.

Esta história tem um significado importante, mesmo para as mães atuais. Não devemos ouvi-la pensando que se trata apenas de algo que aconteceu na Índia há três mil anos.

Existem mães que, devido à competição feroz dos dias atuais para obter uma vaga nas melhores universidades japonesas, alegram-se caso um candidato, amigo de seu filho, ficar subitamente impossibilitado de fazer os exames em razão de uma doença. Em vez de lamentar, pensam que o filho terá mais oportunidade. Existem até mães que entram escondidas nas escolas para roubar provas para seus filhos. Essas mães fazem qualquer coisa para garantir aos filhos uma boa universidade. Elas pensam que, nesta sociedade selvagem, só ganha quem consegue dominar os outros. Para elas, "quem é bonzinho passa a ser a presa". Preocupadas apenas com os próprios filhos, elas devoram e estraçalham os outros. A versão moderna da história de Hariti é muito mais complexa e monstruosa do que a original de três mil anos atrás.

De qualquer maneira, a imagem da mãe que ama o próprio filho e faz tudo o que pode para ele é muito bela. Mas enquanto seu amor for instintivo e cego, não pode ser considerado como o amor de Buda. O fato triste é que os seres humanos apenas chegam a compreender o valor, a profundidade, a alegria e o sofrimento do amor depois que perdem aqueles ou aquilo que amam. O amor vivido com sofrimento pode tornar-se um amor religioso. Da mesma maneira, aqueles que têm problemas de estômago podem tomar conhecimento do próprio órgão, aprendendo a apreciar seu bom funcionamento e a partilhar com simpatia o sofrimento de outros que têm problemas similares. Apenas aqueles que foram feridos e experimentaram a dor e o sofrimento podem entender essa condição nos outros e sentir compaixão por eles. Não podem mais ignorá-los.

O que transformou Hariti radicalmente de mulher demoníaca, que tinha matado tantos filhos alheios, em uma divindade tutelar das crianças foi o amor, o sofrimento e a consciência de amar. Foi sua experiência afetiva com a dor, assim como ter-se dado conta dos males causados, que a despertou para um amor religioso, muito mais profundo e altruísta.

Espero que cada uma das alunas que me visitam aprenda a aprofundar o amor por seu próprio filho, ampliando-o em um sentimento mais vasto e profundo, que possa ser estendido a todos os seres vivos.

Trabalho de mãe

"Hoje sonhei com minha mãe. Com mais de oitenta anos e cabelos brancos, dizia-me em sonho que meu ombro direito estava fora do futon. Ela me cobria, verificando se eu estava bem protegido do frio. Há vinte e sete anos minha mãe morreu. Eu venho da Ilha de Shikoku, que tem um clima temperado. Por isso, para mim é frio aqui em Shinshu, entre os Alpes Japoneses, mesmo no mês de maio. Fiquei profundamente comovido ao perceber que minha mãe tinha caminhado tanto para me encontrar aqui em Shinshu, apenas para cuidar de mim, para que eu não me resfriasse por causa do frio".

Neste ponto, a voz do professor Sumita Oyama[122] ficou emocionada. Depois de algum tempo, ele continuou:

"Sempre tive muito orgulho de minha mãe. Ela cuidava da casa. Éramos uma grande família rural. Não tinha nenhuma educação acadêmica, mas era muito religiosa. Gostava de contar que desde que soube que estava grávida, até o dia em que nasci, ia todos os dias ao templo dedicado a Kannon, nos arredores do vilarejo. Misteriosamente, nasci exatamente no dia da festa de Kannon. O amor de minha mãe começou antes do meu nascimento, a partir do momento em que soube levar-me no ventre. Até mesmo minha educação teve início no ventre materno, uma vez que, durante a gravidez, a mãe está em contato profundo com a criança.

Durante esse período, tive a grande sorte de crescer sob a proteção e a orientação de Kannon, graças às frequentes visitas de minha mãe ao pequeno templo. Depois de meu nascimento, ela continuou a me levar a Kannon Bodisatva. Apesar de ter-me criado com tanto cuidado, até a idade de trinta anos eu nunca estive em paz comigo mesmo, tanto do ponto de vista religioso, quanto do filosófico. Tinha já trinta e quatro ou trinta e cinco anos quando compreendi que o amor de minha mãe era como o amor de Buda. Nessa época, trabalhava em Hiroshima, em um escritório do Ministério dos Correios. Eu instruía os empregados. Um dia recebi um telegrama de casa informando que minha mãe estava em agonia, em seu leito de morte. Não existe nada mais terrível, principalmente para quem está longe. Imediatamente solicitei a meus colegas que me substituíssem e, quando consegui finalmente partir, era tarde da noite. Não havia mais trens; o último já havia partido. Caminhei durante toda a noite e ao nascer do dia finalmente cheguei ao portão de minha casa. Vi algumas flores violeta cair de uma árvore, sob chuva fina. Depois vi o médico da família sair da casa, pisando as flores que tinham caído.

– Como está minha mãe? – perguntei com pressa.

– Ela teve uma hemorragia cerebral. Eu a tratei imediatamente, mas até agora ela permanece em coma. Entre rápido, vá logo para perto dela.

Corri para a cabeceira de minha mãe, que roncava muito. Por mais que a chamasse, ela não me respondia. Meu pai, que a observava imóvel, disse-me que em hipótese nenhuma se devia tocá-la. Deitei-me o mais próximo possível de seu corpo. Enquanto a olhava, senti sua temperatura aumentar de maneira anormal. Neste momento, me lembrei de coisas terríveis, de quantas vezes eu a havia feito sofrer. Sem comer nem dormir, continuei a esperar, rezando intensamente para que ela acordasse.

Passaram-se muitas horas e, na noite seguinte, quando o relógio anunciou as nove horas, minha mãe saiu do estado de coma. Eu continuava a seu lado. Quando me viu deitado assim, ela chamou uma mulher que tinha chegado depois de mim e disse com uma vozinha suave e cheia de dificuldade, interrompendo-se várias vezes:

O ombro de Sumita... está descoberto... não pode... vai se resfriar... por favor... pegue... outra coberta...

Quando ouvi isto, explodi em lágrimas, contorcendo-me todo. Como me envergonhava de chorar em frente a outras pessoas, sufoquei os soluços cobrindo minha cabeça com as cobertas.

O problema que naquele momento angustiava a todos era se ela, que tinha estado em coma por mais de um dia, conseguiria se recuperar ou se morreria. Mas quando saiu do coma, em vez de se preocupar com a própria saúde, continuou a pensar apenas em mim, que estava fisicamente ótimo. Quando vi minha mãe se preocupar apenas com o próprio filho, sem ligar para si mesma, compreendi a profundidade e o altruísmo de seu amor e tomei minha decisão. Posso dizer que minha postura de vida se definiu naquela ocasião. Se não fosse à cabeceira de minha mãe, e se não tivesse tido aquela experiência, talvez nunca houvesse compreendido a intensidade do seu amor. Pensando assim, a doença de minha mãe deve ter sido causada pelo próprio Buda, para fazer-me conhecer a verdadeira compaixão. Sou realmente grato a Buda por me ter revelado seus projetos por meio da doença de minha amada mãe".

Foi em 1969 que o mestre Sumita nos contou as lembranças de sua velha mãe com muitas saudades. Dentre as mais de cem pessoas que o escutavam, quase todas estavam a ponto de chorar. Todas pensavam nas mães. Algumas, ao ouvir a história do professor, experimentaram a mesma sensação de respeito reverente pela própria mãe. Outras sentiram remorso por fazê-la sofrer, outras ainda se angustiaram por não terem uma mãe respeitável. Todas as pessoas, com suas diversas recordações, escutaram a história imersas nos próprios pensamentos.

A primeira pessoa que uma criança que chega ao mundo aceita, com seu corpo e mente ainda puros, é a própria mãe. Quem está sempre fisicamente próximo à criança no período mais importante de seu crescimento é a mãe. Um provérbio japonês diz: "Aquilo que se aprende com três anos é lembrado até os cem anos". Quem forma o caráter é a mãe. Se a mãe é alegre, também o filho se torna alegre. Uma mãe que se lamenta gera um filho que se lamenta. Uma mãe que está sempre com raiva também dá origem a um filho raivoso.

O monge Akegarasu Haya[123] escreveu o seguinte poema:

Para um bilhão de pessoas
existe um bilhão de mães
mas nenhuma é melhor mãe que a minha.

Além dos conhecimentos intelectuais ou da beleza exterior, cada mãe se esforça para se tornar uma mulher de quem o filho possa dizer: "Não existe mãe melhor que a minha". Se pensamos que uma criança recém-nascida não entende nada, estamos muito enganados. Todas as palavras e gestos feitos pela mãe, ainda que involuntariamente, são assimilados pelo filho desde a primeira infância, como o papel absorvente suga a tinta. E cada ato, bom ou mau, torna-se um elemento no crescimento da criança. Nunca devemos nos esquecer disso. Precisamos esforçar-nos para viver sempre com muita atenção.

Um filho criado por uma boa mãe, se é homem, seguramente se tornará, quando adulto, um bom marido, que tem confiança na mulher e a ama. Uma menina criada por uma boa mãe, por sua vez, se tornará uma boa mãe ela também, e colocará no mundo bons filhos. Assim, o comportamento de uma mãe persiste e se revela eternamente, através das gerações. A vida de uma mãe não se limita a ela mesma. Ela é um ponto de partida, que se estende até o infinito, no futuro. Mas o contrário também é verdade: quando uma mãe deixa, por exemplo, uma mancha. Da mesma maneira, se jogamos um copo de água suja na nascente de um rio, essa água polui não apenas a fonte, mas também o mar no qual o rio deságua. Depois de um certo tempo a água pode parecer límpida a nossos olhos desatentos mas, uma vez poluída, nunca mais poderá ser purificada. Tendo isso claro em sua mente, cada mãe deveria prestar muita atenção a seu modo de pensar, falar e se comportar, esforçando-se para ser a melhor mãe do mundo.

Minhas duas mestras

Existem diversas pessoas que eu gostaria de poder chamar de "mestre", com todo o respeito e amor que sinto no ponto mais profundo de meu coração quando uso esta palavra. Graças à orientação de inúmeros mestres e bons amigos, consegui chegar até aqui superando muitos problemas e corrigindo diversos erros. Contraí com eles uma dívida de gratidão. Se não tivesse encontrado tal pessoa, ou se não tivesse escutado aquelas exatas palavras em uma determinada ocasião, como estaria hoje? Só de imaginar, sinto um nó na garganta. No entanto, devemos nos lembrar que mesmo se tivéssemos um ótimo mestre para nos ensinar a verdade, se não aspirássemos ao Caminho e não prestássemos real atenção àquilo que ele diz, não poderíamos compreendê-lo, e nem mesmo estabelecer com ele uma relação de mestre e discípulo. Deste ponto de vista, nunca me esqueço de minhas primeiras duas mestras, que me educaram desde o início de minha vocação para que pudesse buscar e seguir o Caminho com zelo, antes de encontrar os verdadeiros grandes mestres.

Tenho uma ligação muito forte com o budismo. Antes mesmo de meu nascimento, meus pais tinham decidido que eu me tornaria monja. Durante a primavera de meus cinco anos, visitei minha velha tia monja Shuzan, que era responsável pelo templo Muryo, em Shinshu. Tornei-me discípula da monja Senshu, prima de Shuzan. Minha velha tia Shuzan levou-me diretamente à sala do edifício principal e, fazendo-me sentar em frente à estátua principal de Buda, disse-me: "Observe bem as mãos de Buda. Elas formam um círculo com o polegar e o indicador, não é mesmo?" A estátua mais importante era a do Buda Amida, que sempre é representado dessa maneira. "Onde quer que você esteja, Buda a olha e a protege sempre, até quando você dorme, ou quando você se esquece completamente dele. Se você faz algo de mau, pensando que ninguém está observando, os dedos dessas mãos mudam sua forma. Viram triângulos, em vez de círculos".

Eu, que ainda era muito pequena, acreditei piamente. Qualquer coisa que fizesse, lembrava-me sempre do rosto e das mãos daquela estátua de Buda. Quando cometia uma ação errada, quando era preguiçosa ou quando feria a sensibilidade de alguém com duras palavras, saía escondida para o altar escuro, para verificar as mãos da estátua. Mas seu rosto era sempre sorridente e seus dedos se uniam em círculo.

"Olha-a e a protege sempre" – esta frase dá muita força e confiança, mas ao mesmo tempo chega a causar temor. Por mais que eu me esforçasse para trabalhar corretamente, houve momentos em que me senti incompreendida ou em que obstáculos surgiram no meu caminho. Nesses momentos, nunca me senti sozinha, porque sentia com todo o corpo o calor das mãos de Buda que me envolviam. Toda vez que, sentindo que as pessoas começavam a me apreciar, a arrogância me subia à cabeça, lembrava imediatamente dos dedos de Buda que podiam virar triângulos e juntava minhas mãos para pedir perdão.

Sempre tive o desejo de viver uma vida que pudesse satisfazer a Buda, mais do que ser aprovada pelas pessoas. Mas ainda que muitas vezes fracassasse em minhas intenções, apesar de minha boa vontade, reassegurava-me na tranquila convicção de que Buda compreendia como eu era de verdade.

Desde menina, quando ainda era muito pequena para entender as coisas, minhas mestras me ensinaram duas verdades importantes. A primeira é que precisamos nos libertar de nossos pequenos desejos egoístas para viver de acordo com os olhos e o julgamento de Buda. A segunda é que nossa existência, que é entremeada de alegria, raiva, tristeza e prazer, de felicidade e de dor, não sai nunca da palma da mão de Buda. Desde essa época, mais de quarenta anos se passaram. Penso que da minha mais tenra infância, tenha vivido todo este tempo apenas para pôr em prática esses ensinamentos.

A partir do dia em que atravessei os portões do templo, comecei a memorizar os sutras mais curtos, como o *Shariraimon* e o *Hannya Shingyo*[124]. Dessa maneira, antes de terminar a escola média, tinha estudado quase todos os sutras que eram ensinados aos noviços nos templos. A velha monja Shuzan era uma pessoa doce, mas severa. Eu não podia ser preguiçosa ou dorminhoca, nem mesmo uma manhã por ano. A cada dia eu devia levantar-me antes do nascer do sol para a prática religiosa da manhã, que durava uma hora. Em pleno inverno, em Shinshu faz um frio terrível: na sala principal de nosso templo da montanha a temperatura não era nunca acima de quinze graus abaixo de zero. Minhas mãos pequeninas, que batiam o *mokugyo*[125] com todas as forças para acompanhar a recitação dos sutras, perdiam toda a sensibilidade. O horário das aulas de sutras era fixo, a cada noite. Durante as aulas, por mais frio que fizesse, eu não podia me aproximar do *kotatsu*. Antes do início, deveria curvar-me à monja, dizendo-lhe: "Por favor, me ensine". Então mestra Shuzan deixava seu lugar quente, sentava-se em postura formal, com as costas retas, e me ensinava a leitura dos sutras com muita paciência, caractere por caractere. A monja Senshu, de sua parte, fazia trabalhos de costura ao nosso lado. Depois da leitura dos sutras, contava me várias histórias divertidas de mestres Zen, como a de uma velha vendedora de *mochi*[126], que perguntou ao mestre Zen Tokuzan[127], que na época se chamava Shu Kongo: "No *Kongo-kyo Sutra*[128] está escrito que a mente do passado não pode ser pega, a mente do presente não pode ser pega e a mente do futuro não pode ser pega. Então com que mente você pretende comer este *mochi*?"

Quando estava na escola elementar, nos dias festivos, eu podia brincar por apenas uma hora depois da refeição do meio-dia. Uma vez, quando voltei com uma hora de atraso – tinha perdido a noção do tempo ao brincar – a velha monja me jogou um balde de água de poço na cabeça e ficou realmente muito brava comigo. Mais tarde, quando eu frequentava a escola feminina, nunca me davam tempo livre para estudar. Mesmo durante o período de exames de final de ano, não tinha nenhuma ocasião para estudar senão no trajeto de quatro milhas que percorria para ir à escola, ou então subtraindo tempo de sono. A monja dizia: "Os seres humanos, quando são obrigados a estudar, perdem a vontade de fazê-lo. Quando, por outro lado, pensam que não há tempo para estudar, esforçam-se por encontrá-lo a qualquer custo, e usam esse pouco tempo de maneira muito eficaz". Nunca me lamentei por este duro trabalho, mas muitas vezes chorei porque queria ter um pouco mais de tempo para estudar. Escondida, estudava inglês, usando cartões que tinha preparado para todos os momentos do dia: quando tirava as ervas daninhas dos campos, ou quando recolhia as folhas de amoreira para os bichos-da-seda, ou mesmo quando usava o banheiro. O desafio era conseguir fazer as coisas que normalmente requeriam trinta ou trinta e cinco horas em vinte e quatro. Esse modo de viver formou a base de minha vida atual.

Uma vez, ouvi as palavras de Yoshio Toi, um educador famoso: "A melhor maneira de fazer as crianças odiarem o estudo, sem exceções, é fazê-las estudar ininterruptamente, da manhã à noite". Então entendi que tive muita sorte por ter recebido esses ótimos ensinamentos das minhas duas queridas monjas, que não acredito terem estudado pedagogia.

Na primavera de meus dezesseis anos, tomei a decisão de realizar com entusiasmo meu sonho de percorrer o Caminho Supremo, vivendo minha vida da melhor maneira possível. Dessa maneira me tornei monja. Depois de anos de noviciado no severo Mosteiro Feminino de Aichi Senmon Nisodo[129], continuei a frequentar a universidade de Komazawa[130], em Tóquio, afiliada à escola Soto Zen. Minhas duas mestras me fizeram estudar em Tóquio livremente por quinze anos, até o verão do meu 30º aniversário. Estudava e estudava, mas por ingenuidade, vontade intransigente e impaciência juvenil, na tentativa de buscar o Caminho eu permanecia muito deludida. Ainda buscava, e perdia as esperanças. A cada vez que me lamentava pela decadência do ambiente das organizações budistas e falava mal do clero, as mestras me admoestavam severamente: "Mas quem você pensa que é? Qualquer pessoa tem lados positivos. Se você não tem a modéstia e a humildade para aprender de qualquer pessoa, o que pretende fazer?" Essas palavras ainda ressoam em meus ouvidos. Essa busca espiritual errante durante quinze anos representaram para mim, literalmente, uma subida sem fim em uma estrada de montanha, em ziguezague. Ter conseguido percorrer esse Caminho apesar de tantas dificuldades, aprofundando sempre o maravilhoso Caminho Budista e voltando ao templo da montanha para crescer espiritualmente, acredito que se deva às orações e à orientação afetuosas daquelas duas monjas.

A partir do verão em que retornei ao templo, comecei a participar de retiros anuais de *zazen*. De ano em ano, os participantes aumentavam e logo faltavam futons e espaço para dormir em nosso pequeno templo da montanha. As monjas ofereciam até mesmo seus próprios futons, de bom grado, dormindo no chão sobre tatames sobrepostos ou mesmo no armário onde se guardava a roupa de cama. O número de participantes, que era cerca de cem, agora aumentou para mais de duzentos. A monja Senshu, agora toda curvada, dirige ainda hoje pessoalmente o trabalho de *tenzo* para todos esses convidados. A monja Shuzan, ainda que tivesse perdido quase totalmente a vista em seus últimos anos, continuava a preparar o banho com prazer, dizendo: "Posso ainda pelo menos preparar o banho, esquentando a água". No final do encontro anual no verão de 1974, quanto tinha já noventa e quatro anos, disse aos participantes: "Eu espero todos vocês também no próximo ano. Aguardo uma nova visita, por favor, venham novamente a nosso templo". Mas esse foi seu último verão. Sem que pudesse esperar pelo próximo ano, em dezembro partiu enfim para a viagem derradeira.

Enquanto minhas mestras trabalhavam nos bastidores, sem que os outros percebessem, desenvolvendo as tarefas mais ingratas, eu – sua aluna – nunca molhava as mãos nem me incomodava com a fumaça para preparar a água quente do banho. Sentava-me de frente para os participantes, ensinava e explicava sobre o *zazen* e o Darma de Buda. Sabendo que minha dívida de reconhecimento e gratidão por essas duas mestras era enorme, certa vez decidi fazer meu melhor para retribuir e convenci outras monjas para que me permitissem fazer por um ano o trabalho de *tenzo* durante os *sesshin*.

Trabalhava sozinha, das quatro da manhã até as nove da noite, pensando em quanto devia a minhas professoras. Agora rezo para que um dia também eu possa ter a bênção de poder trabalhar à sombra, nos bastidores, enquanto minhas alunas explicam o *zazen* para o público. Assim como minhas mestras fizeram comigo.

Não olhar a maldade dos outros

> *Não olhe a maldade dos outros,*
> *aquilo que fizeram e aquilo que não fizeram.*
> *Em vez disso, olhe o que você mesmo realizou*
> *ou deixou incompleto. Pense apenas nisso.*
>
> (*Dhammapada*, verso 50)

"Não olhar a maldade dos outros" significa que não devemos observar os defeitos alheios. "Aquilo que fizeram" quer dizer que não devemos lamentar a conduta errada dos outros. "Aquilo que não fizeram" indica que não devemos reprovar a negligência alheia. "Aquilo que você mesmo realizou ou deixou incompleto. Pense apenas nisso" se refere ao fato de que é necessário refletir sobre si mesmo, não sobre os outros, e que devemos acima de tudo pensar se cometemos erros, deixando-nos vencer por nossos desejos egoístas, ou se faltamos com algum de nossos deveres. Ainda que busquemos ter este ensinamento sempre presente, se nos distraímos minimamente, já perdemos de vista nosso caminho e vagamos por discursos e modos de agir que não são nossos. Sempre que percebo que meus olhos não observam a mim mesma, lembro-me: "Não olhe a maldade dos outros".

Como diz um outro verso do *Dhammapada*:

Os erros dos outros se notam facilmente
mas os próprios dificilmente se veem.
Uma pessoa avalia acuradamente
as faltas de seu vizinho
mas esconde as próprias.

Conseguimos observar a imagem dos outros, mas não a nossa. Como podemos então estar atentos à crítica, sem olhar exclusivamente as fraquezas alheias?

Se encontrar alguém que mostre a você seus próprios erros,
acolha-o como se tivesse lhe mostrado tesouros escondidos
e preste bastante atenção.
Será melhor, não pior,
para aqueles que atentam às palavras deste sábio.

(*Dhammapada*, verso 76)

Todos ficam contentes quando são elogiados. Mas quando alguém nos faz notar nossos defeitos, ainda que compreendamos que o fez para nosso próprio bem, isso nos desagrada. Por esse motivo as pessoas não falam abertamente sobre nossos erros, mas malignamente os comentam às nossas costas. Depois, quando ficamos sabendo desses comentários maldosos, sentimos raiva e explodimos: "Por que, se você é um amigo de verdade, não teve coragem de me dizer isso face a face?" Na verdade, se o tivesse feito e se tivéssemos escutado suas críticas abertamente, não seríamos capazes de aceitá-las. É esta a triste realidade de nosso medíocre egocentrismo. Uma vez, quando fiquei triste por uma situação similar, me lembrei das palavras do mestre Rennyo[131], e assim me recuperei: "Se você encontra dificuldade em me dizer algo abertamente, fale mal de mim para alguém, por favor, para que eu possa conhecer ainda que indiretamente meus próprios erros".

Para o mestre Rennyo, até a maledicência pode se tornar a luz de Buda. Desejo vivamente me tornar um ser que consegue aceitar qualquer calúnia, como o mestre Rennyo, mas vejo essa meta ainda muito longínqua.

Por outro lado, se estivermos na posição de apontar os defeitos e erros de alguém, como nos comportamos? O mestre Zen Tendo Nyojo[132], que era o professor do mestre Dogen na China, para testar seus alunos retirava os sapatos e depois lhes batia, reprovando-os com duras palavras. Mas seus discípulos aceitavam o ensinamento com lágrimas de alegria. Este episódio é reportado no *Shobogenzo Zuimonki*.

Uma vez, durante uma aula, o mestre Tendo Nyojo entrou na sala de meditação e confessou com lágrimas nos olhos: "Vocês são todos os preciosos discípulos de Buda, os tesouros do país. Assim, mesmo que tenham preguiça ou que negligenciem o trabalho, é um absurdo bater em vocês ou insultá-los. Mas eu devo fazê-lo, porque sou responsável por este templo. Sou seu professor, que está aqui para ajudar a desfazer todas as suas ilusões e a praticar o Caminho de Buda. É por conta de Buda que às vezes sou obrigado a reprová-los ou a bater em vocês com o bastão de bambu; assim sua disciplina pode dar frutos. Irmãos, tenham a compaixão de me perdoar e de aceitar minhas correções".

Como ele lhes reprovava com grande humildade e sinceridade, rezando com seu coração misericordioso para que seus alunos pudessem dedicar-se aos ensinamentos verdadeiros, estes aceitavam seus sermões com lágrimas de gratidão. Sem o amor de Buda, superior e altruísta, sem ego, não se pode repreender desta maneira.

Medo de crítica mundana a torna mundana

Se compararmos Buda ao Sol, o trabalho dos monges budistas deveria então ser justamente aquele de transmitir a luz do Sol às pessoas. Mas será que hoje em dia muitos monges não são como nuvens negras que encobrem o Sol? Quando eu era jovem, sabendo não estar ainda à altura de transmitir a luz do Sol, desejava tornar-me ao menos uma nuvem que estivesse perto dele, enfeitando-o. Mas ao mesmo tempo, sem me dar conta, poderia tê-lo ofuscado, se tivesse continuado a ser como eu era. Tinha muito medo de me tornar alguém que, embora sem perceber, tivesse se transformado em uma nuvem negra que encobria o Sol e com arrogância acreditasse estar transmitindo sua luz. A única coisa que eu não queria era me tornar esse tipo de monja. Dessa forma, teria desperdiçado inutilmente minha única vida, realizando o provérbio: "O ladrão de múmias acabou mumificado". Enquanto me esforçava por buscar o Caminho, e me perdia, buscando-o novamente entre hesitações e incertezas, aquilo que me encorajava e sustentava era a resposta que Buda deu a Atula, nos versos 227 e 228 do *Dhammapada*:

Atula, sempre foi assim,
não é uma coisa nova.
As pessoas criticam aqueles que se sentam em silêncio
e também criticam os que falam demais,
e mesmo aqueles que falam pouco.
Não existe portanto neste mundo
quem possa fugir às críticas.

Um dia, um jovem chamado Atula foi visitar Shakyamuni Buda. Atula estava incomodado com as intrigas que faziam a seu respeito. Depois de escutar atentamente tudo o que Atula lhe disse, estas foram as palavras de Buda, reportadas no *Dhammapada*:

Nunca houve
e nunca haverá,
nem ha neste momento,
um só ser que tenha sido somente criticado
ou somente elogiado pelas pessoas.

Aqueles que merecem os elogios de alguns podem atrair as críticas de outros. Uma coisa que por um lado é considerada positiva, por outro pode também ser vista negativamente. Isso acontece em todos os momentos. Percebendo sempre os olhos de Buda que me observam, sempre aspirei a seguir esse grande olhar como guia e juiz da existência, mais do que pensar nos olhos das pessoas, que são volúveis e irresponsáveis.

Uma outra frase que sempre tive comigo, ao lado das palavras de Buda a Atula, se encontra no *Shobogenzo Zuimonki*[133], do mestre Dogen: "Se for para se envergonhar, deve se envergonhar ao confrontar-se com uma pessoa de olhar puro". É preciso experimentar a vergonha. Mas é necessário saber de quem e de que coisas devemos nos envergonhar. Caso contrário, tomamos uma direção totalmente oposta. Muitas vezes se diz: "Se nos envergonhamos de pessoas medíocres, caímos na mediocridade". E é assim mesmo. Devemos ser muito atentos mas, na realidade, muitas vezes nos esquecemos disso. Quando uma mãe repreende seu filho, deve estar muito atenta. Por exemplo, muitas vezes ouvimos mães que dizem: "Se você fizer isto, as pessoas vão rir de você". Ou então: "Se seu pai descobrir, você vai ver só". Esse tipo de advertência não apenas é mesquinho, mas também é prejudicial e levará a criança ao fracasso certo. Tal modo de pensar – uma vez absorvido pela criança pequena enquanto ainda está organizando seus parâmetros de referência em relação à vida – acaba instalando-se e condicionando toda a sua existência. Segundo essa maneira de pensar, os critérios de comportamento e as normas morais dependem apenas do julgamento dos outros.

Um outro risco nessa maneira de corrigir as crianças é que elas acabem pensando que, não importa que ação negativa tenham cometido, estará tudo bem desde que ninguém descubra. O ponto verdadeiro, por outro lado, é se as ações são boas ou más em si mesmas, independentemente da avaliação alheia. Se cometemos algo indigno ou contrário ao Caminho, ainda que o façamos de maneira secreta, ou mesmo que as pessoas cheguem a apreciá-lo, não deveríamos de modo algum fazê-lo. Se por outro lado se trata de uma ação correta e coerente com o Caminho, devemos realizá-la sem levar em conta as críticas e a incompreensão dos outros. Independentemente daquilo que dizem, devemos tomar nossas decisões depois de ter perguntado a opinião de Buda em nosso próprio coração. Os próprios pais deveriam viver eles mesmos esse tipo de postura resoluta. Quando repreendem os próprios filhos, espero que sigam esses ensinamentos.

Ler o sutra que a mãe não escreveu

O papel de arroz que cobre as portas internas da sala de chá estava iluminado pelo sol. Nele tremulavam as sombras delicadas das campânulas-de-ouro que haviam acabado de florescer no jardim externo. Sentei-me de costas a este cenário e o calor do sol me aquecia suavemente. Estava tão confortável e tão aconchegante que senti uma agradável sonolência.

Escutava o som do *ro*[134] que era como o suave murmúrio do vento nos pinheirais. Apreciava, nessa simplicidade campestre, o chá verde feito pela anfitriã da cerimônia quando, ao meu lado, minha amiga, sentada como segunda convidada, falou inesperadamente:

"*Sensei*, ultimamente tenho ficado assustada com minha perda de memória. Às vezes penso que até as juntas de meu cérebro estão emperrando. Faço um grande esforço para ler, mas não consigo me concentrar. Embora nós duas tenhamos estudado juntas e saído da mesma escola, *Sensei* consegue manter seu cérebro ativo, pois se dedica a atividades que exigem seu constante uso – sempre lendo e escrevendo desde aquela época. Esse esforço contínuo permitiu que escrevesse livros importantes, fizesse palestras, vivendo uma vida que realmente vale a pena ser vivida. Eu, por outro lado, gastei meu tempo cuidando de plantas e animais, ficando na agricultura. Desgastei-me educando meus filhos, sem desenvolver nenhuma atividade intelectual. Partimos ambas do mesmo ponto, mas a vida criou diferenças enormes, não é?"

Senti em suas palavras sombras de remorso e tristeza. Ela havia sido muito mais brilhante que eu na escola e se houvesse seguido o campo acadêmico certamente estaria agora trabalhando em alguma universidade, fazendo parte do corpo docente. Só não foi possível continuar sua carreira porque, sendo filha única, era esperado que se casasse e tivesse herdeiros para dar continuidade à atividade agrícola da família. Eu sentia a angústia no coração de minha antiga amiga: boa parte da vida se passara assim como o vento, sem deixar marcas. Foi essa sensação de perda irreparável que a motivou a desabafar comigo. Firmando a voz, disse a ela:

"No mundo é comum pensar que as pessoas que sempre aparecem na televisão, na rádio ou que escrevem para jornais e revistas, são importantes ou mais elevadas intelectualmente.

Isso não é nenhum critério de avaliação do grau de importância como ser humano. A mim, coube-me esta caminhada. O que escrevo posso compilar, posso apagar, posso corrigir. Você escreveu o livro que não se pode compilar. Sempre enfrentando novas experiências, criando filhos – privilégio das donas de casa. Será que não podemos dizer que o seu livro é escrito com seu próprio corpo, e que se o ferirmos jorrará sangue?

Será que os filhos, a longo prazo, não passam a viver da mesma maneira que os pais, mesmo que tenham tido momentos de rebelião e afronta? Afinal são eles os que leem letra por letra, palavra por palavra, frase por frase, o que os pais escrevem com suas vidas.

Você escreveu e ainda está escrevendo, com sua vida, com seus pés, mãos, corpo, um único e precioso livro. Se pensarmos assim sua vida não é melhor nem pior que a de ninguém, não é?"

O rosto de minha amiga se iluminou de alegria. Então usei como exemplo a minha vida para mostrar a ela o modo como os filhos acabam seguindo exatamente as pegadas dos pais, lendo palavra por palavra, frase por frase, sem deixar escapar nada.

"Antes mesmo do meu nascimento meus pais já haviam decidido que eu seria uma religiosa. Aos cinco anos saí de perto de minha mãe e assim fiquei sem saber como ela era exatamente, como se relacionava, como vivia.

Meu pai era doente e passou os últimos quinze anos de sua vida deitado, lutando contra a moléstia que o consumia.

Foi nesse leito que fui concebida. Quando eu estava com sete anos de idade ele morreu. Tinha 52 anos. A imagem que tenho de meu pai até hoje é de um homem sempre deitado. Certo dia chegou um telegrama – meu pai agonizava. Fui levada às pressas para a casa onde nasci e fiquei alguns dias. As pouquíssimas aparições de minha mãe nesses dias, trabalhando sem cessar, tornaram-se um estímulo fortíssimo em toda a minha vida, um incentivo para me empenhar inteiramente àquilo a que me dedico.

Em casa, além de meu pai, minha avó de 80 anos também estava acamada por causa da velhice. Minha mãe cuidava dos dois doentes, cultivava uma pequena lavoura e educava os filhos (minha irmã mais velha, meu irmão mais velho e eu, todos recebemos boa formação escolar). Era magra como um palito, sempre correndo para atender as diferentes situações. Trabalhava sozinha em serviços pesados como a preparação do Ano-Novo. Era a única que podia trabalhar. Cozinhava o arroz a vapor aquecendo a água com galhos de amoreira e fardos de folhas de trigo. Ela levantava uma espécie de martelo enorme (*kine*) e batia no arroz cozido. Ela mesma virava a massa para bater novamente do outro lado. Depois de bem preparado separava em pequenos pedaços, que arredondava e achatava – o *mochi*. Fazia isso como se fosse tarefa cotidiana. Não questionava se haveria outra forma de fazê-lo. Não reclamava. Apenas corria descalça para completar tudo a tempo.

Com o agravamento da doença de meu pai, ele passou a precisar mais dela. Se ela ficasse apenas ao seu lado a casa não funcionaria. Assim, ela colhia as verduras que seriam usadas no dia e as preparava no pátio de terra coberto – o local mais próximo do leito de meu pai.

Depois de 15 anos na cama, ele morreu. Minha avó havia falecido dois meses antes. Ou seja, em dois meses minha mãe teve de cuidar de dois enterros. As pessoas da vila diziam: "Desta vez, a Yuki é quem ficará de cama". O nome de minha mãe era Yukino.

Mas ela não adoeceu. Ainda assistiu a cerimônia de casamento de minha irmã mais velha, preparou as roupas de cadete de meu irmão, que depois de terminar o curso médio entrou para a carreira militar e foi para a guerra. Sozinha ela trabalhou sempre para manter a família Aoyama.

Desse modo, quando recebo solicitações de trabalho (muitas excedendo meus limites), no momento em que o volume de tarefas quase me derruba e começo a fraquejar, quando fico ameaçada de me lamentar por coisas insignificantes, ou sinto que a raiva pode me dominar porque as coisas não são da maneira que eu gostaria que fossem, lembro-me de minha mãe.

Se comparasse o meu trabalho com o de minha mãe, jamais poderia reclamar de nada. É, na verdade, um grande desperdício passar qualquer instante se lamuriando. É preciso agradecer. Eu me exorto em voz alta: "Não se lamente. Não fique zangada. Força!"

Desde que eu me entendo por gente não fiquei perto de minha mãe muito tempo. Os dez dedos de minhas mãos são muitos para contar o número de dias que passamos juntas.

Entretanto, esses momentos se tornaram o alicerce fundamental de minha vida. Imagino o poder de influência dos pais nos filhos que vivem com eles 365 dias por ano.

Numa vida em família como fazem e pensam pais e filhos? O que os deixam alegres? O que os deixam tristes? Entre um casal, que tipo de diálogo é mantido? Nora e sogra: que variações de emoções são criadas? Que palavras são passadas às crianças? O coração de uma criança, tenro e flexível, absorve essas palavras como uma folha branca. São letras e imagens que não podem ser apagadas nem reescritas. Nesse ambiente os filhos crescem. Independente de aceitarem ou não o sistema familiar acabarão, por certo, copiando o modelo imprimido na infância quando forem educar seus próprios filhos. Portanto, se um adulto conta uma história sem se preocupar com o futuro da criança, se apresentar determinada conduta, riso, raiva, choro, enfim, o inventário de todas essas atitudes será herdado. Senti com apreensão o que é o papel dos pais, o peso de sua responsabilidade.

Minha mãe parecia recitar sutras em tudo o que fazia, como se rezasse com todo o seu corpo, assim como o mestre de Bodhidharma na terceira parte do *Shoyo Roku*[135]:

Certa ocasião o rei de um Estado do leste da Índia convidou Hanyatara Sonja[136] para um banquete. A refeição seria uma doação. Geralmente o monge convidado retribuía entoando um sutra ou explicando os ensinamentos de Buda. Entretanto, Hanyatara mantinha-se silencioso depois de haver comido. O rei esperou o mais que pode até que impaciente indagou:

"Por que o Reverendo Monge não nos recita um sutra?"

O Venerável respondeu:

"O ar que inspiro e o ar que expiro, os gestos de minhas mãos, meu caminhar, meu comportamento, a maneira como vivo minha vida, tudo o que faço e todo o meu corpo são a recitação do verdadeiro sutra, a manifestação da verdade cósmica infinita."

Hanyatara Sonja notara que as pessoas comuns geralmente não são capazes de ouvir, de ler os cem bilhões de sutras que são constantemente pregados pelo *Sutra do Assim Como É* (*Nyozekyo*).

Eu, nesta minha capacidade humana limitada, cometendo inúmeros erros e falhas, procuro ler o *Sutra do Assim Como É*, seguir a verdade do céu e da terra e fazer de minha vida a prática manifesta de um sutra. Quão maravilhoso seria poder expressar todo o tempo o sutra e poder ouvi-lo em todos os seres, não apenas humanos, pois as plantas e os animais também pregam o sutra. Mesmo os chamados inanimados, como rochas e água, todos incessantemente, em altas vozes, pregam o Darma Verdadeiro.

O poeta Sontoku Ninomiya[137] escreveu:

Sem sons, sem fragrâncias,
Céu e terra repetem
O sutra não escrito.

E o mestre Dogen:

As cores das montanhas,
O eco nos vales,
São a imagem e a voz de Shakyamuni Buda.

O mestre Zen Daichi[138] completa:

Todas as coisas inanimadas expõem o ensinamento de Buda; todos os seres animados o ouvem.

Todos eles parecem expressar a mesma compreensão. É importante que nossos olhos e nossos ouvidos estejam prontos para perceber e que nosso instrumento receptor esteja ligado.

O testamento dos pais

Qual a herança que os pais deixam ao sair deste mundo? Qual é o sutra, escrito com suas vidas, que aqueles que se vão deixam para aqueles que ficam?

Não será apenas a frase: "Você também morrerá um dia"? Nas palavras do mestre Yoshio Toi, "estar vivo é abraçar a vida morrendo".

Nenhum ser vivo escapará a seu destino de morte. Além disso, nunca se sabe quando acontecerá. A morte vem sem aviso. Como então podemos viver sem remorsos, de maneira a não nos arrependermos seja lá quando for que ela chegue? Pensar nisso apenas quando ela está por vir é tarde demais, pois já não será mais possível reparar nada. Quando soubermos da morte de alguém, devemos aproveitar esse ensinamento para pensar na melhor maneira de viver nossas próprias vidas, comparando nossa situação à de quem morreu. Acredito que esta seja a oferenda mais significativa e a única verdadeira forma de rezar pelos mortos. É por isso que mestre Dogen sugeria no *Shobogenzo*: "Para retribuir e agradecer os benefícios recebidos, não precisamos fazer nada de especial. A melhor retribuição é perseverar com simplicidade na prática cotidiana". Este é o Caminho da Verdade.

Os que ficam devem viver de modo que aqueles que se foram primeiro possam continuar tranquilos em sua viagem ao Yomi[139], sem preocupações com os que ficaram. Devemos viver corretamente para que o falecido possa entrar em Nirvana tranquilamente.

Este é o culto memorial a ser feito. Se conseguirmos agir dessa maneira, seremos filhos lendo o testamento de nossos pais, recebendo a herança do sutra que os pais deixaram escrito com suas próprias vidas.

O mundo de *jihi*

Certa vez, o rei Prasenajit de Kosala subiu à torre de observação do castelo com sua esposa, a rainha Mallika. O rei, depois de observar em silêncio a cidade movimentada que se estendia a seus olhos, circundada pelas grandiosas montanhas e os campos de Kosara, virou-se para a rainha e perguntou:

"Mallika, existe alguma pessoa neste mundo que você ame mais que a você mesma?"

A rainha, depois de ficar pensativa durante um bom tempo, respondeu com um tom de voz quase de confissão:

"Majestade, acredito que não haja ninguém neste mundo que eu ame mais que a mim mesma. O que meu bom rei pensa a este respeito?"

"Mallika, eu também penso assim."

Embora o pensamento dos dois fosse coincidente, eles perceberam que a conclusão não estava de acordo com os ensinamentos de Buda, aos quais procuravam seguir. Então, os dois desceram da torre e foram visitar o alojamento do Mais Honrado na floresta Jeta. Expuseram seus pensamentos para que Buda pudesse lhes aconselhar. Buda, que ouviu as considerações do rei e da rainha sem interferir, anuiu expressivamente e respondeu com uma poesia sagrada:

O sentimento humano
Pode peregrinar por toda parte.
Mesmo buscando o amor
Só o encontrará em si mesmo.
Para todo ser humano
O seu "eu" é o mais amado.
Assim, quem se conhece como o ser amado
Não deve ferir os outros.

Não deve agredir esse mesmo amor que o outro sente por si próprio.

Nessa poesia ecoa a voz de alguém que não tem ilusões, de quem viu a fundo e conhece profundamente a natureza humana, desprovida de qualquer adorno.

Muita gente diz: "Eu não me importo comigo, nem me importa morrer, se você estiver bem". Também há muitas frases de bravura como: "Dedico toda minha vida ao mundo, para as pessoas" ou "Para defender os filhos, os pais se atiram tanto na água como no fogo". Entretanto, não podemos deixar de perceber que, mesmo nesta demonstração de amor aos outros, continua escondido nosso egocentrismo. Pensamos sempre nos benefícios que podemos obter de cada relacionamento.

Buda viu claramente que esse sentimento de amor-próprio não podia ser abandonado, por mais que as pessoas continuassem estudando e buscando o Caminho. No entanto, conseguiu mudar radicalmente a orientação desse sentimento: recomendava não magoar os outros. Cada ser humano ama a si próprio como eu amo a mim mesma. Os outros, assim como eu, são feridos e sofrem com as palavras e ações impensadas de outros seres. Assim como eu, os outros também desejam ardentemente ser felizes. Por isso não devo ferir os outros. Não devo fazer com que eles sofram. Ao contrário, vou tentar levar a felicidade para todos. Dessa forma, o amor-próprio, em seu ponto extremo de busca, converte-se em amor ao próximo.

Quem não ama a si mesmo dificilmente poderá amar os outros. Atualmente, há pessoas que matam por qualquer motivo, por achar a presença do outro desagradável, como se matassem um inseto. Na verdade, estão matando a si mesmos, tratando sua própria vida com o mesmo desprezo.

A linha que separa o "eu" do "outro" desaparece automaticamente quando o ser humano alcança o ponto máximo do amor-próprio. O contentamento ou a tristeza dos outros passam a ser nossas próprias alegrias e tristezas. Se alguém estiver sofrendo com doenças ou problemas pessoais, passamos nós também a sofrer e nos esforçamos para solucionar esses problemas. Quando agimos assim, é melhor não pensar que estamos fazendo tudo pelos outros. Na verdade, esses atos são praticados para nós mesmos. Neste mundo, não há separação entre mim e os outros; tudo é uma rede contínua de relacionamentos. Buda a chamou de *ahimsa*, "não violência". Este é o primeiro dos cinco preceitos fundamentais que Buda deixou para os leigos, e comumente é chamado de "não matar".

O amor ao próximo começa com o amor-próprio, que é um sentimento verdadeiro e inegável do ser humano. Na verdade, o amor por si mesmo e o amor ao próximo são o mesmo amor. É como uma só folha: frente e verso. Esse amor é inabalável mesmo se colocado à prova. No budismo o chamamos de *jihi*, "compaixão".

A palavra "*ai*", traduzida como amor, é frequentemente usada para expressar o amor entre um homem e uma mulher. Quando expressamos o amor de Buda, costumamos utilizar os caracteres "*ji*", que originalmente significa amor materno, e "*hi*", significando empatia, compaixão. Este termo "*hi*" é maravilhoso. Quando atingimos o ponto máximo do amor-próprio, ultrapassamos este muro que nos separa dos outros e podemos compartilhar sua alegria, tristeza e sofrimento, como se fossem nossos. Katsuichiro Kamei[140] disse que o sorriso das estátuas de Buda representa o "sorriso de Buda quando está prestes a chorar". Acredito que o coração de Buda, que acolhe e experimenta todos os sofrimentos e emoções de cada ser como seus, esteja tão cheio de lágrimas a ponto de chorar por toda a eternidade. Acredito também que seu sorriso amoroso esteja transbordante de infinita compaixão.

Certa vez, em uma visita a Nara, fiquei petrificada ao prostrar-me em frente à escultura de madeira de Buda, feita pelo grande artista plástico Ganshin Washo[141]. Com certeza vi aquele rosto chorando. Olhei novamente e Buda sorria. Como podia ser isto?

Fui capaz de compreender profundamente o sentimento de Basho[142] ao escrever o *haiku*:

Folhas verdes em profusão
Enxugam gotas de lágrimas
Dos olhos de Buda

De pé em frente à imagem, pensei na verdade dessas belas palavras. Quanto tempo permaneci ali, esquecida das horas... Diante do Buda de madeira que não podia me ver, tive a impressão de me tornar transparente. Parecia estar só, isolada do resto do mundo, sem ninguém à minha volta, como em um vácuo. Sem nada ao meu redor, somente eu e o monge, face a face. Continuei de pé, em frente à estátua. Foi um momento em que pude experimentar o *jihi*[143] de Buda em todo o meu corpo.

Ouvi dizer que a vida do mestre Ryokan[144] encarnava o *do hi*, a compaixão em pessoa. Chorando ao ouvir as tristezas das prostitutas, ou divertindo-se ao brincar com as crianças, não mostrava nenhum sentimento pessoal de ganho. Não pensava: "Estou tendo de brincar" ou "Estou escutando estas mulheres". Isso não seria *do hi*, e esse amor não seria o amor de Buda, mas apenas um sentimento de arrogância e orgulho, de alguém que quer brilhar como as faces de um diamante.

O mestre Ryokan chorava e brincava sem a mínima intenção de mostrar seu próprio eu, sem se vangloriar de sua disponibilidade com crianças ou prostitutas. Sua vida foi o puro amor de Buda.

A grande transformação de minha vida

Meu pai morreu com cinquenta e dois anos, quando eu tinha apenas sete. Passaram-se quarenta e três anos desde que ele se foi e, conforme fui me aproximando da idade com que ele partiu, comecei a pensar cada vez mais nele. Ainda posso ouvir claramente sua voz, antes de morrer, despedindo-se e me chamando:

"Durante toda minha vida eu nunca tive saúde e por isso nunca pude me dedicar às práticas budistas. Desejo que você estude e pratique, inclusive por mim, para que um dia se torne uma grande mestra, por favor".

Como tinha apenas sete anos, não compreendia verdadeiramente o que significava ser monja e seguir uma vida religiosa. Mas, não sei por quê, comecei a chorar. Em meio às lágrimas, ouvi uma voz que vinha do fundo de meu coração: "Serei monja e praticarei também pelo papai".

Depois de um ano e pouco, tornei-me discípula do templo Muryo, em Shinshu, nos Alpes Japoneses, cuja responsável era minha tia, a irmã mais velha de meu pai. Quando entrei efetivamente para o templo, tinha cinco anos. Mas acredito que minha ligação com o budismo já estivesse decidida e iniciada no momento em que fui acolhida no útero materno.

Meu avô, que morrera quinze anos antes de meu nascimento, havia sido um eremita muito influente na seita budista Shugendo[145]. Meu pai, muito doente, não teve muitos filhos. Quando, aos quarenta e cinco anos, soube que minha mãe estava grávida novamente, ambos ficaram muito felizes e se lembraram de uma profecia de meu avô: "A criança se tornará uma monja". Assim que nasci, uma outra profecia anunciou: "Esta criança se tornará uma monja em Shinshu". Minha tia, a monja Shuzan, ao ficar sabendo disso, deu pulos de alegria. Esperou-me ansiosamente por cinco anos e em um dia de primavera veio me buscar.

Imagino como minha mãe deve ter-se sentido – ela que sustentava a família sozinha, ajudando meu pai, adoentado desde os trinta anos – tendo de se separar de sua filhinha que nascera quando ela já estava com mais de quarenta anos. Minha mãe suportou a dor em silêncio, chorando escondida por um ano. Mas, no dia 15 de janeiro do ano seguinte, em meu sexto aniversário, não conseguiu se conter. Ela, que nunca saía de casa e mal sabia sobre trens, ônibus e estradas, veio correndo a Shinshu sob o pretexto de me levar um presente.

Quando a monja Shuzan a viu chegando, percebeu sua forte emoção e logo me disse:

"Vá correndo para o colo de sua mãe".

Mas ao invés disso, fugi e saí para brincar. Minha mãe não se esqueceu disso até sua morte. Com oitenta anos ela relembrava, chorando:

"Se você fosse um animalzinho de estimação, eu a teria colocado em uma coleira e arrastado de volta comigo. Mas quando a vi fugir, não querendo voltar para casa comigo, entendi subitamente que a situação era inalterável. Consegui me acalmar e ver que realmente você pertencia ao Honrado Buda".

Ainda assim ela chorava, e eu podia ver a dor em seus olhos.

Foi por essa filha, que só encontrava poucos dias por ano, que minha mãe criava bichos-da-seda, tecia os fios e entrelaçava uma grande quantidade de tecido – o suficiente para me fazer hábitos por toda a vida: hábitos longos, mantos, quimonos[146], *obi*[147]. Envolta no abraço dos vestidos tecidos à mão por minha amada mãe, que ao tecer rezava fervorosamente, venho seguindo continuamente o Caminho de Buda por mais de cinquenta anos, desde quando entrei no templo, ainda criança.

Apesar de minha lentidão, agora finalmente tenho a sensação de me encontrar à entrada deste grande Caminho, que foi aberto para mim há muito tempo.

Poucas pessoas, dentre as que buscam o Caminho, conseguem encontrá-lo. Refletindo sobre minha vida, sinto felicidade pela esperança, pelas orações e grande ajuda de meus pais, de meus avós e de muitos antepassados, de todos os que me precederam: todos eles se manifestam juntos neste meu corpo. Penso na grande sorte de ter conseguido me tornar monja sem nenhum obstáculo, para seguir o Grande Caminho. Por isso, não quero de maneira alguma descuidar de minha fé, que é um dom de Buda.

Quando faço cerimônias religiosas, enquanto rezo com simplicidade, seguindo o Darma, pego-me a perguntar a meu pai, que vive sempre em meu coração: "Está bem assim, papai? Acha que estou conseguindo viver a vida de prática constante e harmonia também para você?"

CAPÍTULO IV

UMA GRANDE RENÚNCIA

Jogar tudo fora

"O Darma, incomparavelmente profundo e infinitamente sutil, é raramente encontrado, mesmo em centenas de milhões de anos..."

Uma vez, ao contornar o deslumbrante templo de Eiheiji Betsuin[148], em Nagoia, encontrei uma edificação simples, totalmente livre das poeiras do mundo, uma casa tão humilde que mais parecia o Gogo-an[149] em que viveu o monge Ryokan. De repente, ouvi uma voz retumbante recitar o "Kaikyoge" – verso de abertura que recitamos sempre antes de iniciar estudos, leituras ou palestras do Darma.

Impressionada por esta voz, abri caminho entre os crisântemos selvagens que cresciam no terreno circundante. Era 9 de novembro do ano Showa 43 (1967), o segundo domingo do mês, dia do *zazen* mensal de Ryoun Obora Roshi[150]. O velho mestre tinha 96 anos. Em outras ocasiões, sua cama costumava ficar preparada o dia inteiro na sala, não porque fosse doente, mas pelas dificuldades da idade. Naquele dia, porém, ele se sentava próximo a um *kotatsu*[151], onde se aquecia, encolhido pelo frio. Parecia irreal vê-lo assim tão frágil, tão pequeno. Eu o conheci alto, forte, sempre viajando de uma região a outra para dar aulas em diversas universidades, ou exercendo sua função como abade do Aichi Senmon Nisodo (Mosteiro de Treinamento Especializado para Monjas de Aichi), o que fez por muito tempo, antes que as monjas também pudessem assumir esse cargo.

Os praticantes de *zazen*, sentados ao redor do velho mestre, eram seus discípulos. Há anos praticavam ouvindo seus sermões e meditando juntos. Deviam ter entre quarenta e cinquenta anos de idade, homens e mulheres em boa posição social. Em frente a cada um deles, havia um livro aberto, antigo, muito usado e de capa mole, o *Fukanzazengi*. O mestre, com brilho nos olhos arregalados, disse:

"Muitas pessoas se questionam: 'Para que praticar *zazen*?' Muitos respondem: 'É para se tornar um Buda ou um Bodisatva'. Entretanto, mestre Dogen nos ensina neste texto que 'não se deve fazer *zazen* para se tornar um Buda. *Zazen* não é Zen para obter alguma coisa'. Ora, meus amigos, se dissermos que estamos aprendendo algo, pressupomos que ao praticar obteremos algum resultado. O *zazen* do mestre Dogen não é Zen de aprendizado, para se ganhar algo em troca, nem para receber algum saldo positivo com a prática. Não é para alcançar nenhum resultado, nem para se tornar Buda, nem para entrar no Nirvana. Esse tipo de *zazen* de troca vantajosa – 'faço *zazen*, ganho um prêmio' – é *zazen* comercial, é *zazen* de mendicância."

E continuou:

"Então, como proceder no *zazen*? Vocês já devem estar fazendo *zazen* há vinte ou trinta anos, mas será que em suas cabeças ainda existe qualquer pensamento de tirar algum proveito disso? Gostaria de ouvir suas respostas."

Interrompendo o comentário, abriu ainda mais seus olhos brilhantes, encarando cada um. Nesse momento, o mestre, que há pouco era apenas um pequeno velhinho, transformou-se em um homem majestoso, forte e até mesmo temível, como os guardiões das entradas dos templos. Seus discípulos se encolhiam como pequenos animais na mira de um leão.

O velho mestre continuou:

"O *zazen* do mestre Dogen é apenas *zazen*, não é *zazen* de mendicância, um *zazen* de ganhar alguma coisa. É o *zazen* que não espera nada de sua prática, dissolvendo essa forma comercial de *zazen*. É belo, não é?"

Fazendo várias vezes um gesto de remover algo de sua frente e jogar fora, o velho mestre falava com um grande sorriso transparente no rosto, e sua face parecia dizer: "Basta abandonar os apegos mundanos, não buscar nada em troca e o portal do Caminho se abrirá, com felicidade e conforto a mancheias. Isto é o *zazen* do mestre Dogen".

Contemplando o lindo rosto sorridente do mestre, comecei a me lembrar de tantas coisas... Há vinte anos eu era uma estudante experimentando os prazeres da faculdade. Naquela época, tive a oportunidade de visitar o Templo Taianden-Gokokuin, que foi deixado quase em ruínas pela Segunda Guerra. Ao procurar pelo velho mestre, ele surgiu da horta que ficava no terreno de trás. Usava um *samue*[152] desgastado. Eu, que nunca o tinha visto, pensei que era um servidor do Templo.

Lembrei-me também que, embora seu nome sempre estivesse em primeiro lugar na lista dos recomendados para o cargo de Superior Geral do Templo-Sede, ele sempre declinava do convite e nunca quis assumir cargos honrosos. As palavras que agora surgiam dele, sua expressão de jogar fora, de descartar, começaram a ser uma força genuína em cada um de nós que o ouvia. O sermão, que poderia ser intitulado "Não se deve fazer *shuzen* (meditação para ganhar algo)", durou quase duas horas. Sua voz era forte, com grande poder de persuasão, e não parecia sair de um idoso de 96 anos. Vi nele a força sobre-humana e a beleza que só o sagrado concede a um ser que vive na fé.

Perguntei-lhe qual era o segredo da longevidade. Ele respondeu:

"Até esta idade, todos os dias comi três refeições, e só isso. Aparentemente não parece uma coisa difícil de ser feita, mas na verdade é um hábito que não é fácil adquirir. O importante é continuar sempre. Este é o segredo: comer apenas as três refeições todos os dias é muito significativo."

Insisti para que me explicasse melhor, e ele elevou a voz:

"É necessário praticar e estudar de acordo com a capacidade de compreensão do ouvinte."

Mais parecia um *koan*[153]... Claro que muitas vezes perdemos refeições ou porque comemos muito na refeição anterior, ou bebemos demais, ou não acordamos na hora, ou o tempero está ruim, ou porque temos de trabalhar muito, ou não dá tempo e assim por diante. No Zen, a refeição da manhã é chamada de *gyoshuku* – prática da papa de arroz. O almoço é *gyohan* – prática do arroz. Comemos em tigelas e chamamos de *gyohatsu* – prática das tigelas. Comer é prática tanto quanto o *zazen*. Aliás, é simultâneo ao *zazen*. É em *zazen* que comemos. Comer a refeição é praticar zen-budismo.

Se nos esquecemos do essencial, as refeições passam a ser apenas o objeto das preferências humanas; falamos sobre elas, classificamo-las em boas ou más, saborosas ou não, e cozinhar passa a ser apenas um trabalho a ser concluído sem se dispensar a atenção correta. Assim, não consideramos se comemos corretamente. Sem comer corretamente, não praticamos corretamente, e nosso corpo e mente não podem estar corretos. O velho mestre, prestes a completar 97 anos, sempre manteve as três refeições diárias corretamente. Isto é simplesmente maravilhoso.

Eu já estava pensando em me despedir para não cansá-lo demais quando ele se empertigou e, com uma voz retumbante que pareceu vibrar todo o recinto, disse:

"Mestre Eihei Dogen foi um grande mestre. Viveu longe da fama e da fortuna. Quando o imperador Saga, que governava naquela época, o homenageou concedendo-lhe o hábito púrpura, mestre Dogen declinou três vezes. Finalmente sentiu-se obrigado a aceitar para não ofender o imperador, mas deixou seus sentimentos neste poema:

Eihei
Quão raso é o seu vale.
Editos pesam sobre mim, duas, três vezes.
Macacos e garças gargalhando,
Um velho vestido de hábito púrpura.

Assim pensando, mestre Dogen guardou o manto púrpura, que era a mais alta honra que o imperador concedia a um monge budista, no alto da torre Kokaku[154] e não o usou durante toda a sua vida."

O Roshi nos contou esse episódio com gestos de grande reverência, pedindo a nós, iniciantes no Caminho de Buda, que mal entendíamos suas primeiras palavras, que nos tornássemos sua esperança:

"Todos vocês, saibam que atualmente o mundo está cheio de monges que tomam emprestado o budismo para enriquecer, buscando fama e fortuna. Deveríamos nos envergonhar disto, diante de nossos ancestrais budistas, que abriram o Caminho religioso. Sou muito velho e não posso fazer grande coisa. Vocês são jovens. Peço que compreendam o ensinamento do Fundador: somente quando se desprenderem da vontade humana de ter fama e fortuna é que chegarão ao estado de repouso e nobreza budistas, em que se pode perceber o verdadeiro ser que viverá a vida como deve ser vivida. Transmitam isto, por favor, às pessoas que se desviaram do Caminho. Este é o último desejo deste velho que se despede deste mundo. Por favor."

Ele nos falava com grande reverência, e em sua voz transparecia nitidamente a preocupação que tinha com a religião na sociedade atual. Tocou-nos profundamente.

Foi assim que mantive seu pedido, com emoção e resolução. Ao sair, ele me deu uma caligrafia sua, com um caractere chinês – *en* – "círculo" ou "perfeição, compleição". Orando silenciosamente por sua saúde, corri naquele fim de tarde pelas ruas de terra avermelhada da cidade portuária e voltei ao mosteiro.

Cerca de um mês depois ele atravessou para a outra margem.

Há uma outra coisa sobre ele da qual não posso esquecer. Foi em uma primavera, no meu terceiro ano de monja, quando tinha dezoito anos e treinava no mosteiro. Fui servir em uma Cerimônia de Transmissão dos Preceitos Budistas (Jukai[155]), durante uma semana, em um templo ligado ao mestre Zen Taishun Sato. Muitas vezes o Reverendo Obura substituía o mestre Sato e respondia às perguntas dos *unsui* (monges) na cerimônia de Shosan. Nesse dia, o velho mestre estava respondendo às perguntas e finalmente chegou minha vez.

O Shosan é uma cerimônia, uma espécie de debate entre os iniciantes e o mestre, para que a sabedoria se manifeste. No passado era um debate vivo e inflamado, no qual os participantes deveriam entusiasmar-se, demonstrando a sabedoria iluminada. Porém, com o tempo, Shosan passou a ser apenas um ritual com perguntas pré-formuladas, com a função de embelezar a Cerimônia dos Preceitos. Portanto, nos avisaram de antemão que não perguntássemos muito, que fizéssemos apenas uma pergunta e nos calássemos. A cerimônia teve início e, com vozes fortes e bonitas, meus companheiros e companheiras de prática desfilavam em frente ao mestre com perguntas conhecidas. Eu me sentia confusa quanto aos ensinamentos budistas e coloquei minhas dúvidas, perguntando sobre um poema do mestre Dogen que se chama "Poesia da cabana da montanha":

Vida e morte mudam como as nuvens passageiras.
Labirintos de delusão, percepções de iluminação
Sigo absorto o Caminho
Apenas o que ficou na memória, por ter estado desperto:
Na minha cabana em silêncio crescem ervas em profusão e ouve-se a voz da chuva noturna.

Nesse instante, a grande sala de Buda – onde monges e leigos se espremiam formando uma pequena multidão a ponto de não caber nem mesmo uma névoa – me pareceu uma enorme e remota montanha. Depois de fazer a pergunta, senti-me totalmente exposta, eu que era ainda tão imatura de corpo e mente.

O mestre me respondeu com outra pergunta:

O que significa: "Vida e morte são, em si mesmas, Nirvana?"

Permaneci em silêncio, sem saber o que responder. Não só porque nos haviam instruído a fazer apenas uma pergunta – e agora era o mestre quem me perguntava –, como também por ser completamente imatura na prática.

"Pratique por mais trinta anos e depois volte."

Era rigoroso, mas também era um encorajamento. Tomei a resposta ao pé da letra e jurei, secretamente, que assim o faria. Para chegar a compreender que vida e morte são, em si mesmas, Nirvana, teria de percorrer outros mestres, me esforçaria na prática. Calculei então com que idade tornaria a vê-lo. Ele estava com 78 anos, estaria com 108. Pensei que era muito tempo e que ele estaria muito velho...

De repente, dezoito anos se passaram. Ele havia sido abençoado com a longevidade e agora tinha 96 anos. Eu continuei tendo a bem-aventurança de ter vindo ensinar no mosteiro próximo ao seu retiro, nos últimos seis ou sete anos, e já conseguia concordar silenciosamente com o texto do *Shobogenzo* sobre Vida e Morte. Entretanto ainda não compreendia "vida e morte são, em si mesmas, Nirvana".

Cada vez que eu o encontrava, terminava lamentando--me por minha insuficiência. Foi assim que essas palavras se tornaram para mim sua herança, seu último pedido. Sentada em oração em frente à placa memorial com seu nome impresso, pensei profundamente e decidi que minha oferenda seria a de fazer o voto de viver de acordo com essa sentença: "Vida e Morte são, em si mesmas, Nirvana".

Zazen não serve para nada

Cheguei a Quioto no entardecer do dia 29 de fevereiro de 1966. Chovia. Eu usava *guetas*[156] gastas e não tinha guarda-chuva. Primeiro pensei em tomar um táxi. Depois, não. Afinal viera para um *sesshin* e não era apropriado ficar me poupando. Assim, optei pelo ônibus, mesmo sem saber direito onde ficava o templo.

Depois de duas horas rodando com toda minha ansiedade cheguei a Shaka-taniguchi e desci em um ponto de ônibus iluminado apenas por uma fraca lâmpada. A chuva forte impedia que se vissem casas e montanhas. Não havia ninguém nas ruas. Perguntei a uma jovem que também descera do ônibus se conhecia o templo Antaiji[157], ao que ela apontou para uma pequena formação de árvores e arbustos.

Levantei a barra de meu hábito e corri nessa direção. Em frente ao templo, não pude descobrir onde era a entrada. Dei a volta e encontrei um caminho que parecia ser de peregrinação e finalmente cheguei ao que devia ser uma entrada. Sem saber se aquele prédio era Antaiji ou não, me aproximei de um escrito antigo, fracamente iluminado por uma luz pálida que saia do interior do prédio. Dizia: "Shitikurin Seisha Antaiji – Mosteiro da Floresta de Bambu Púrpura, Templo da Tranquilidade e Paz". Finalmente chegara. Respirei aliviada e empurrei a porta pesada e chamei, mas ninguém respondeu. Percebi silhuetas se movendo. Aproximei-me dessa outra porta e quase a abri. Antes disso chamei novamente e alguém disse:

"Bata duas vezes no *han*[158]."

Ainda bem que não a abrira. Mais tarde fiquei sabendo que era a Sala de Banho dos monges em treinamento.

Onde estaria o *han*? Não havia nenhuma luz na entrada. Tateando na escuridão, consegui localizar a velha placa de madeira maciça e dei duas batidas com o martelo de madeira pendurado na corda. O som era estranho. O centro do *han* estava quase que completamente corroído por anos e anos de batidas.

Logo surgiu um *unsui*, seguido por Kosho Uchiyama Roshi, que me cumprimentou amavelmente:

"Que bom que você veio, Reverenda Aoyama. Não faça cerimônia. Pode tirar o hábito de cima e ficar mais confortável."

Suas boas-vindas – sem formalidades, dispensando os cumprimentos, reverências e incensos – me fizeram bem. Eu os segui até a sala do mestre para receber as instruções do *sesshin* que começava no dia seguinte.

No dia primeiro de março, despertei com o toque de sinos às quatro horas da manhã e corri pelos corredores tortuosos até o Sodo. O vento frio penetrando entre as frestas da madeira gelavam meus pés descalços. Sodo é uma palavra pomposa demais para a sala de meditação de Antaiji – um salão deteriorado com apenas quinze tatames em uma plataforma baixa. Na entrada havia um papel colado com instruções: "Deixe os outros de lado. Que cada um faça sua própria meditação" e "Tudo deve ser feito em silêncio. Sem rezar sutras. Sem cumprimentar".

Somente isso. Eram essas todas as informações sobre o *sesshin*.

Na noite anterior, mestre Uchiyama havia conversado comigo e ensinado que entoar sutras poderia prejudicar a concentração, interrompendo nossa prática de *zazen*:

"*Sesshin* aqui significa sentar-se em *zazen* por cinco dias como se fosse um só período."

Todos entraram em silêncio. A cortina de papel da entrada da frente foi abaixada com certa dificuldade e se deu o início ao *zazen*. Assim, sem nenhuma cerimônia, iniciamos nossos cinco dias de *sesshin*.

Era muito frio. O vento gelado, penetrando pelas frestas abertas, entrava em nossas roupas e por todos os lados. Cortinas que pareciam ter sido feitas de papel de embrulho de pacotes do correio tampavam muito precariamente as janelas em toda a sala. As correntes de vento balançavam sonoramente esses papéis.

A cada hora havia um intervalo chamado *chukai*. Durava cinco minutos. Em um desses intervalos sussurrei a uma senhora no banheiro:

"Está frio, não está?"

Ela sussurrou de volta:

"Até que agora está bem confortável. No mês passado não havia cortinas de papel e os flocos de neve caiam sobre nós."

Diante dessa resposta, fiquei sem fala. Se para uma praticante assídua este *sesshin* era mais fácil que o do mês anterior, para mim resultou em um resfriado no terceiro dia. Desistir do *sesshin* seria uma grande lástima... tanto esperara para poder participar! Mas também não poderia perturbar os outros participantes com espirros e tosse. Vesti tudo o que trouxera – roupas de dormir, roupas sobressalentes – e assim consegui participar dos cinco dias completos.

O gentil mestre ancião me ofereceu medicamentos, preocupado com minha saúde. A monja da cozinha providenciou remédios e também um *mametan* para aquecer a cama durante toda a noite. Fiquei encantada e ao mesmo tempo constrangida pela preocupação que estava causando a todos. Eu me repreendia por minha falta de atenção, por permitir o resfriado penetrar através de frestas em meu organismo. Assim, consegui concluir o *sesshin* de cinco dias, agradecendo a boa vontade de todos que se preocuparam em criar condições que me fossem mais favoráveis.

Nas refeições, tive outra dificuldade inesperada. Comiam com uma rapidez incrível. Certamente deveria ser normal nesse mosteiro. Não parecia haver nenhuma pressa nem no mestre nem nos monges. Comiam sossegados, repetindo. No mosteiro feminino eu comia com rapidez. Entretanto, em Antaiji, não conseguia acompanhá-los e terminar a refeição ao mesmo tempo.

Outra particularidade era o tipo de arroz. Na primeira vez que me serviram, pensei que era um tipo de arroz temperado que aprecio muito. Entretanto, ao olhar de perto, vi que não era. Deveria ser integral, pensei. Assim que tocaram o *kaishaku*[159], coloquei cautelosamente o arroz na boca. Os grãos eram duros, com cheiro diferente do arroz branco, e alguns até tinham casca. Olhei à minha volta e percebi que ninguém cuspia nada fora. Então resolvi engolir o arroz com casca e tudo. Na salada, que acompanhava a refeição principal, havia tangerina com casca. Todos comiam também a casca! A refeição era à base de vegetais. O único alimento animal eram pequenos peixinhos secos na sopa de missô[160], com rabo e cabecinha. Comiam tudo. E repetiam. Eu continuava com a minha tigela de arroz, chamada porção de *unsui*. Por mais que comesse, a tigela continuava cheia. Engoli o arroz com casca, a tangerina com casca, peixinhos inteiros e, com muito esforço, consegui terminar por último a porção de arroz juntamente com um praticante que parecia também estar ali pela primeira vez.

Depois dessa refeição inicial, percebi que não poderia comer toda uma tigela de arroz integral. Pedi que me servissem meia porção e assim mesmo misturando o integral com arroz branco. Essa situação me fez lembrar do monge e professor Kazuyoshi Kino, que havia me convidado a comer arroz integral e eu não aceitara, com medo de que me fizesse mal. Ah, se eu houvesse aceitado! Agora não estaria passando por isto, pensei. Lembrei-me de seu ensinamento:

"Se a tarefa for inevitável, mesmo que seja detestável, faça-a de modo a gostar dela cada vez mais."

Resolvi, então, que iria gostar de arroz integral, já que todos ali pareciam gostar tanto, e me dei o prazo dos cinco dias de *sesshin* para poder apreciá-lo.

Antes das refeições também não cantávamos os sutras, nem usávamos o cerimonial de abrir tigelas embrulhadas em pedaços de tecido, como é costume nos mosteiros. Mesmo assim, cada passo da refeição era regulado severamente. Os estrangeiros e outros principiantes, ainda não familiarizados com as restrições rotineiras desse mosteiro, esqueciam-se do silêncio que deveria ser mantido todo o tempo. Chegavam às vezes a se tornar barulhentos. Se eu fosse a responsável ou a coordenadora diria "Silêncio!" Mestre Uchiyama e os monges pareciam não notar. Mais tarde ele me explicou:

"Ficar sem falar nada, como presenciou, é uma forma de treinamento. Nossa tendência é advertir com palavras como 'Faça silêncio'. Se falarmos, é o fim do *zazen*. O *zazen* cai de nível ao se tentar manter a aparência de fazer silêncio. Se o *zazen* for verdadeiro, não haverá mais sons. É necessário orientar gentilmente até que os praticantes percebam, até que aprendam realmente *zazen*."

Diante dessa explicação somente saiu de minha boca "Uuum", em admiração, pois sou do tipo que estaria advertindo "fiquem quietos", "silêncio", o tempo todo.

Durante o retiro, não se fazia a limpeza geral dos recintos do templo. Por quê? Para reduzir os trabalhos cotidianos a fim de que houvesse maior concentração no *zazen*. Entretanto, com tantas pessoas em um mesmo local, era impossível deixar de fazer um mínimo de limpeza. Portanto, em um intervalo de menos de vinte minutos entre a refeição matinal e o recomeço do *zazen*, os monges traziam baldes de água, em silêncio.

Os participantes, quer fossem professores de cursos superiores ou presidentes de empresas, todos pegavam os panos de chão. No Mosteiro Antaiji, todos são apenas peregrinos em busca da verdade, arregaçando mangas e barras das roupas, limpando o chão com as mãos, sem dizer uma só palavra. Terminada a limpeza, com a rapidez de um raio todos entravam novamente na sala de *zazen*.

Durante o período de *zazen*, reinava a calma e o silêncio. Silêncio contínuo. Hora após hora: ao fim do dia com o entardecer, durante a noite, no prenúncio da aurora, durante dias e dias.

Não havia *teisho* – sermão do Darma; não havia leitura de sutras, não se passava o *kyosaku*[161] – bastão para acordar os que cochilam; nem se fazia *dokusan* – entrevista individual com o mestre. Todos permaneciam em silêncio como bobos, sentados em um mundo que esqueceu as palavras. Nada para distrair. Ninguém a quem se mostrar. O próprio monge superior não se preocupava conosco e olhava fixamente a parede todo o tempo. Sobre a mesa o bastão bocejava. Por mais que as pessoas cochilassem, não havia ninguém para repreendê-las. Podiam cochilar à vontade. Mas não há como dormir por cinco dias. Mesmo que a pessoa não queira, acaba despertando e chega a hora em que é necessário enfrentar sua própria face, seu coração, sua mente, seu próprio ser.

Tive a impressão de conhecer o *zazen* pela primeira vez, um *zazen* mais gentil, e me lembrei da explicação de *zazen* do falecido mestre Kodo Sawaki: "Fazer *zazen* para si mesmo. Você com você, sendo você". Devemos cada um viver nossas próprias vidas; não há como sermos ajudados ou substituídos pelos outros. Temos de fazer sozinhos. Afinal, todo o tempo estamos sozinhos. Precisamos chegar ao ponto em que não podemos mais mentir para nós mesmos; sentamo-nos na postura correta aqui e agora, totalmente despertos. A verdadeira forma de viver está nesse período de *zazen*. Não é só isso – todo *zazen* deve ser assim.

Outro dia ouvi a história de uma pessoa que apanhou por uma semana em um mosteiro Zen famoso pelo seu rigor. Contava-me com orgulho as dificuldades por que passara nesse temível retiro. De manhã, eram arrancados da cama às três horas. Levavam tantas batidas a ponto de seus ombros ficarem arqueados e marcados em forma de cruz por causa da inflamação. Vários bastões de advertência – *kyosaku* – foram inutilizados. Se se movessem um milímetro, vinha a advertência aos gritos. Depois de uma semana de *zazen*, na última refeição, o velho *tenzo* – monge responsável pela cozinha – foi chamado à frente de todos para uma advertência, pois não soube preparar a sopa de missô corretamente. Ele teve de fazer um grande ritual de arrependimento, passando cabisbaixo e se desculpando com todos.

Senti um grande vazio ao ouvir sobre a maneira como o monge responsável desse mosteiro conduz o *zazen*.

Mais que isso, fico furiosa pela existência de monges degenerados, que consideram ensinar um *zazen* rigoroso quando tratam os participantes com agressões, pensando que estão revelando uma imagem de severidade. Para principiantes, isso pode parecer muito austero e uma oportunidade para demonstrar toda sua fé: ser acordado às três da manhã, ter os *kyosaku* quebrados em suas costas, receber muitos gritos. Para quem coordena o retiro, agir dessa forma é muito mais fácil. Imagine ficar em *zazen*, em silêncio, dia e noite, sem ninguém dizer nada. Os participantes ficam com vontade de gritar pedindo "venha me bater", "fale alguma coisa". Assim, estando sob uma condição que parece de abandono, corpo e mente se transformam. Estando só, mesmo se chorar e gritar não adianta nada. Assim é a vida. Se cair na água em uma região solitária, quanto mais espernear mais turva se tornará a água e isso não trará ninguém para socorrer. Ninguém pode respirar por você. Sua vida tem de ser vivida por você. Com profunda determinação sentamos para o *zazen*. O que parece fácil para um espectador amador, na verdade é o mais difícil – seguir o *zazen* ensinado pelo mestre Sawaki: "Faça *zazen* para você mesmo a fim de se conhecer".

Mestre Sawaki também dissera que "o dia se torna tão longo que parece estarmos vivendo toda a Grande Antiguidade".

O mestre Zen Daibai Hojo da China antiga praticou por trinta anos nas profundezas das montanhas onde nenhum ser humano se arriscaria. As quatro estações eram suas companheiras. Notava o verde das folhas novas e o vermelho tingindo a montanha. Não contava meses nem anos. Os antigos praticavam *zazen* assim. Nós, que somos tão fracos, precisamos de algum bom monge que nos prepare a cena de modo a que possamos meditar como se estivéssemos a sós, em um local isolado nas montanhas de vales profundos, sentados sob árvores e sobre pedras. Assim é o *zazen* daqui. É a forma mais bondosa e gratificante de se iniciar um *sesshin*.

Terminado o *sesshin* de cinco dias, houve a Grande Abertura, tudo em silêncio. As cortinas rústicas de papel foram abertas fazendo um barulho característico. O monge superior saiu e nós todos o seguimos. Chegando à sala de refeições, espontaneamente saiu de todos nós, em uníssono, um "muito obrigado!" Isto veio do fundo de nossos corações e todos fizemos gestos de gratidão e reverência. Os participantes continuaram andando até os alojamentos da monja coordenadora dos trabalhos de cozinha (*tenzo*), uma antiga discípula do velho mestre Sawaki que viera especialmente ajudar no *sesshin*. Aí o ritual transcendeu o ritual. Todos queríamos demonstrar com gestos de gratidão profunda, um a um, cada um à sua maneira, a profunda reverência que compartilhávamos por essa monja e por seu velho falecido mestre. Eu, que apenas conhecia os rituais formais e os procedimentos ensinados, fiquei surpresa ao observar os gestos de cada pessoa. Era a manifestação do que de mais íntimo havia neles. Vinha do próprio cerne do ser, do coração. Então percebi que estava vendo o original dos rituais, de onde eles teriam surgido.

Ao falarmos "muito obrigado", as palavras voltaram a todos nós. Havia sido minha primeira experiência na vida de ficar em silêncio, sem pronunciar uma só palavra em cinco dias. Senti que estava redescobrindo a primeira palavra, o amor à palavra, o valor das palavras.

Depois de certo tempo, ao som do *kaishaku*, iniciamos a reunião do chá. Então olhei diretamente para o rosto desses participantes de *sesshin* e fiquei surpresa. Cerca da metade eram estrangeiros. Muitos agora moravam nas redondezas do templo apenas para poder mensalmente participar dos retiros e das reuniões de *zazen* semanais. Alguns tinham percorrido três ou quatro anos à procura de um local de prática como este. Haviam passado por vários templos e mosteiros e finalmente escolhido ficar próximo de Antaiji. Ao meu lado, havia um casal que se revezara durante o *sesshin*. Das quatro da manhã até o meio dia havia sido a esposa que participara. Do meio dia até a hora de dormir havia sido o marido. Perguntei a eles por que faziam assim.

"Temos um bebezinho e não podemos deixá-lo sozinho."

Sem dúvida eram praticantes muito sérios.

Havia pessoas vindas de Kyushu, Shikoku, Niigata, Tóquio. E vinham todos os meses! Eu, que pensara ter vindo de muito longe, era uma das mais próximas. E me disseram: "Quem está morando no Japão não está longe. Até do exterior vêm praticantes que abandonam tudo para estar aqui". E eu, que pensava saber que para o coração que busca não há distância...

Naquele dia compreendi, do fundo do coração, a palavra que Roshi me dirigira no outono passado:

"Se você quiser buscar a verdade, venha até Antaiji".

Percebi que não havia exagero no que dissera. Em Antaiji, a prática do Zen é a atividade comum, do dia a dia. Geralmente nos desculpamos dizendo que estamos muito ocupados, ou que é muito longe e por isso não podemos participar de *zazen* ou retiros. Devemos saber que não há justificativas. Se tiver vontade forte e souber que "a morte poderá chegar a qualquer momento", nenhum obstáculo será empecilho para a participação. Quem diz que não consegue participar é porque ainda não resolveu intimamente se quer de verdade.

O Roshi falou com um sorriso constrangido:

"Eh...Temos muitos estrangeiros, mas nenhum dos *unsui* sabe falar inglês. Além disso, o meu jeito de falar é peculiar. Você deve ter notado que, por exemplo, abrevio os verbos. Em vez de falar "estou", falo "tô". Os participantes estrangeiros geralmente gravam minhas palestras e depois vão procurar as palavras nos dicionários, com grande seriedade. Procuram pela conjugação do verbo "tô", acreditando ser algo muito importante, visto que eu o repito inúmeras vezes. É evidente que não encontram tal palavra nos dicionários. Eles passam por grandes dificuldades por causa de meus regionalismos ao falar".

Apesar de todas as dificuldades, são muitos os estrangeiros que chegam a Antaiji. Havia uma senhora que sentara os cinco dias de *sesshin* ao meu lado e agora comentava no pouco japonês que sabia:

"*Zazen* da Soto Shu é mais difícil que da Rinzai Shu[162]. O próprio sentar é o *koan*".

Embora os estrangeiros não fossem capazes de compreender cada uma das palavras do mestre, sem dúvida compreendiam o essencial. Além do mais, não é tão importante a compreensão das palavras ou do intelecto. Antes de tudo vem o *kokoro*[163].

Havia entre nós um jovem principiante que sofrera muito durante o *sesshin* por causa das dores nas pernas. Dava a impressão de que iria fugir, que não aguentaria até o final. Mas ficou até o encerramento. O Roshi o olhou carinhosamente e com um ar divertido disse:

"Você, como se esforçou bastante, merece o prêmio da destreza e luta. Você poderá ficar preso em uma cela de delegacia e não passará mal".

Olhando para os outros participantes ele continuou:

"O *zazen* daqui, por mais que você fique sentado, não serve para nada. Só servirá se for preso e estiver numa cela. E caiu na risada".

O *zazen* é um mundo desprovido de sentimentos de procura, de busca. É a eliminação dos desejos de recompensa, das expectativas de proveito, de ganho e de lucro. Penetramos no que existe antes de considerarmos perdas e ganhos. Não se busca nem mesmo a sabedoria. Eliminam-se todos os sentimentos de pedir, querer, mendigar. Apenas sentados. A isso o mestre chama de "*zazen* que não serve para nada".

Por mais que Uchiyama Roshi ensine, nós, grandes glutões, começamos a calcular que ao nos sentarmos iremos ganhar alguma coisa. Como o ser humano está longe de conhecer a verdade!

Rezar fervorosamente

Na parte central da cidade de Calcutá, na Avenida Lawer Circular, há uma construção humilde de três andares, sede da Mother of Charity. No dia 29 de outubro do Ano Showa 50 (1975), eu estava lá. Depois das tarefas da manhã, assisti à missa das 4h45min, e por volta das 8h partimos. Nosso transporte era um caminhão abarrotado de roupas e alimentos. Consegui um pequeno espaço e ali me encaixei. Estávamos indo para Nirmal Hildai, a Casa do Santo Coração Purificado, que recolhe indigentes em estado terminal.

Chegamos. Nada havia no prédio que o destacasse. Ficava em uma travessa que saía em frente ao templo hindu Caligart, dedicado à deusa hindu Kālī. Estávamos a uns dois quilômetros desse templo.

À esquerda ficava a ala masculina; à direita, a recepção e o espaço para trabalhos administrativos. Em frente à cozinha, a ala feminina. O interior das enfermarias era extremamente calmo. Um silêncio estático contrastava com o burburinho exterior e me fez pensar sobre vida e morte.

A luz penetrava tênue por uma janela alta na parede. Nos leitos, pessoas magérrimas, quase apenas pele e ossos olhando vagamente para o teto. Ao passar, alguns me observavam, viajante inexperiente, de outra religião. Seus olhos, entretanto, continuavam vazios, sem expressão, encravados nos crânios protuberantes.

Eram pessoas que tiveram uma existência infeliz, passada por infindáveis infortúnios, com fome permanente, contraindo doenças graves e caindo nas ruas. Eram recolhidas por esta irmandade. Talvez pela primeira vez na vida eram tratadas como seres humanos, recebiam cuidados, alimentos, mas não havia chance de melhora ou cura. A casa toda estava envolta em uma atmosfera de tranquilidade. Embora todos soubessem que lhes restava pouco tempo de vida, seus corações pareciam tranquilos e conformados, entregando-se aos pequenos confortos da "casa daqueles que aguardam a morte".

Eu viera para ajudar. Orientada por uma irmã de caridade, por meio de gestos, transferimos cuidadosamente um paciente até o local de banho, num canto da enfermaria. Tínhamos poucos instantes para limpar a cama, passar um produto esterilizante, trocar lençóis e fronha, além de banhar o paciente, vesti-lo com roupas limpas e o devolver ao leito.

Era outono, com temperatura de 30 graus. O suor escorria incontrolavelmente por todo meu corpo, não só pelo trabalho ao qual eu não estava acostumada, mas também pelo calor que fazia em Calcutá. Minhas mãos, que poderiam estar removendo o suor do meu rosto, estavam por demais ocupadas cuidando da pústula da escara de um paciente que padecia de doença desconhecida. Ou então massageavam um corpo, removiam urina e fezes. O suor era enxugado rapidamente na manga de minha roupa. Depois do banho e da troca de lençóis e roupas, já era hora do almoço.

Em pratos de alumínio foram colocados papa de arroz e um pedaço de peixe, acompanhados por leite ou água. Quem podia mover-se, alimentava-se sozinho. Os que não podiam comer por conta própria eram auxiliados pelas irmãs de caridade.

Quando finalmente concluí a limpeza dos pratos e utensílios utilizados no almoço, respirei profundamente. Então senti fome. Mais da metade do dia tinha se passado e minha refeição havia sido às 8h30min da manhã. Estava considerando a possibilidade de almoçar quando ouvi um tumulto na frente do prédio. Saindo para verificar, vi que as irmãs estavam iniciando o almoço para os pobres da rua. Havia uma enorme panela com papa de arroz e *curry* e muitos baldes de leite. As irmãs faziam a distribuição. Se essa multidão de pobres famintos se tornasse um bando de saqueadores, não haveria como controlarem a situação, pensei.

A doação aos sem-teto é feita em dias e horas determinadas. A porta do edifício, as ruas e as praças próximas, ficam todas repletas de pessoas pobres carregando tigelas ou pratos. Aqueles que não tinham tigelas nem pratos recebiam a comida em folhas de plantas, formando conchas, e comiam todos habilmente com os dedos, sentados sob as árvores ou nas beiras das ruas.

Esse era o dia da festa de Durga Puja, uma comemoração hindu e, além de alimentos, distribuíam roupas.

Por isso, o procedimento era outro. As irmãs de caridade deixavam uma fresta da porta aberta, o suficiente para passar apenas uma pessoa. De um a um os pedintes entravam e formavam fila única. Cada um recebia um pequeno pacote com roupas. Só era permitida a entrada do número de pessoas correspondente ao de doações. Caminhei apreciando a alegria de crianças, mães, jovens e idosos, com seus pacotes. Entretanto fui surpreendida ao verificar que fora do prédio a cena havia-se transformado em briga e raiva. Uma grande multidão que não ganhara nada brandia os braços no ar, gritando com fúria pelos presentes que não recebera. Fiquei aterrorizada e voltei atropeladamente para dentro, triste e pensativa.

Por mais que nos esforcemos, os bens materiais não são suficientes para todos. As pessoas ficam felizes quando ganham, e iradas quando não ganham. Mesmo nas boas ações existe o mal, o erro, a falta. Fiquei deprimida ao ver de tão perto as duas faces da caridade.

Cerca de uma hora e meia depois, fui até o hotel em que estava hospedada para um breve almoço. Em seguida retornei à "casa dos que aguardam a morte". Uma senhora idosa, que mais parecia um bichinho, me pediu que lhe passasse óleo. Fui buscar óleo cremoso na administração e o passei em suas costas, braços, nádegas, pés, pernas, enfim, em todo o seu corpo. Na Índia, as pessoas têm por hábito passar óleo no corpo para proteção contra doenças e contra a secura da pele. As pessoas que estavam na Casa, entretanto, eram tão pobres que nunca tiveram nem mesmo alimentos, quanto mais óleos. Agora, no final de suas vidas, recebiam esses pequenos luxos. Enquanto passava óleo naquele corpinho maltratado e debilitado, fui-me lembrando da imperatriz Komyo[164]. Ela havia lavado as costas de pessoas com hanseníase, naquela época doença de cura e transmissão desconhecidas, em sua própria banheira e havia sugado pus das feridas com seus lábios. Entoei de improviso:

"Lavando lesões, massageando tensões, colhendo pus com seus lábios, penso na imperatriz que fazia o bem".

Lembrei-me também de um poema do professor Yuichi Aizu[165] sobre a vida da imperatriz Komyo:

Suavemente limpando dos esquálidos as chagas
Transbordam compaixão
Os lábios de Buda vermelhos como o fogo.

Os lábios da imagem de Kannon Bodisatva com onze faces, do templo Hoke de Nara, flamejam em escarlate, homenageando Sua Alteza, a imperatriz Komyo. Assim a poesia faz sentido. Sua Alteza Imperial havia sugado o pus de feridas. Seu coração vermelho flamejante a mergulhou no oceano de preces e ensinamentos budistas, rogando por todos os que sofrem, a fim de amenizar suas dores. Só quando temos esse coração que jorra púrpura somos capazes de sugar o pus das feridas dos que necessitam. Aqueles que se dizem entendidos em peças de arte e antiguidades consideram as imagens de Kannon com os lábios avermelhados muito belas. Isso é delírio de quem não faz nada neste mundo. Aqueles que realmente vivem a religião não perdem tempo com superficialidades, mas possuem corações que choram com a dor dos que sofrem, suspiram juntos, angustiam-se e perdem-se juntos pelos caminhos, mas nunca deixam de estender os braços em ajuda, mesmo que lhes custe suas vidas. Para demonstrar o sentimento da imperatriz em sua missão, essa torrente de energia viva vibrando em seu interior, só pode o artista se expressar dessa forma: lábios flamejantes em escarlate.

O gesto de ajuda que sai de mim em verdade não é meu – é a prece de Buda, a tristeza de Buda através de meu corpo, jorrando a compaixão de Kannon. Como uma compaixão tão intensa poderia ser descorada? Se não estiver em chamas vermelhas, jamais se manifestará.

De repente, ouvimos o ruído dos freios de um veículo parando em frente ao prédio. Duas irmãs saíram correndo e dois pacientes foram carregados para fora – já não respiravam e eram levados a outro local.

Pediram-me para rezar por um paciente agonizante na ala masculina. Globos oculares brancos, revirados. Na boca entreaberta, apenas dois de seus últimos dentes. De tempos em tempos respirava como se então se lembrasse de fazê-lo. Intuitivamente me ajoelhei ao seu lado e em voz baixa entoei um sutra. Como sua vida, que agora terminava, devia ter sido difícil, sofrida! Do fundo de meu coração rezei, reconhecendo as asperezas desta vida que se findava, e ao mesmo tempo desejei a ele uma tranquila viagem ao mundo da morte.

A luz do entardecer penetrava, jorrando feixes de raios de sol, horizontalmente. Sem perceber o dia terminara. Mas que longo dia! Estava exausta. Despedi-me silenciosamente dos pacientes. Precisava do ar de fora, precisava descansar.

Na rua já não havia mais a agitação dos que nada tinham recebido de esmola. Mas ainda havia muitas pessoas – estariam com esperança de receber alguma coisa? Não teriam para onde ir? Vagariam sempre ali por perto? Levantei meus braços para respirar profundamente. Inúmeras mãos me cercaram. Magras, escuras, rachadas, calosas, sujas. Gritavam: "*Bakuchichi! Bakuchichi!*"

Pediam esmola. Vasculhei em meu *zutabucoro* (bolsa de monja) por alguma bala, alguma coisa que pudesse dar a eles. Eu não tinha nada. Nem mesmo uma moedinha. Deixara tudo sob responsabilidade de minha intérprete K. Queria tanto poder dar alguma coisa a essas pessoas famintas, a essas crianças nuas de pés descalços (embora houvesse recebido a instrução, ao chegar à Índia, de que se começasse a dar esmolas não teria fim). Censurava a mim mesma pela incapacidade de fazer alguma coisa pelos outros e me desculpei com eles: "Sinto muito. Não tenho nada que possa dar".

Fiz, então, um gesto de reverência usando a única palavra que aprendera na Índia: Namastê!

Nasmastê significa que o ser sagrado em nós reverencia o ser sagrado no outro. É uma saudação comum, feita com as mãos em prece. Qual não foi minha surpresa ao verificar que as mãos que antes se estendiam pedindo doações e gritando "*Bakuchichi*" se transformaram em mãos em prece dizendo "Namastê" e fazendo uma reverência! Seus rostos magros, de olhos encravados, arremedavam um sorriso.

Esse instante inspirou-me espontaneamente dois pequenos versos:

À multidão que grita "Bakuchichi"
Ofereço apenas "Namastê",
Minhas palmas unidas em reverência.
As mãos que se estendiam "Bakuchichi"
Unem-se palma com palma
Em reverente "Namastê".

Como é triste encontrar pessoas que têm de passar a vida mendigando. Mesmo quando ganham alguma esmola ínfima, são insultados, afastados, temidos. Talvez em suas vidas nunca tivessem encontrado alguém do outro lado, do lado do que dá e não do que pede, que unisse as mãos e os saudasse com respeito, dizendo Namastê. Minha doação de *Bakuchichi* foi essa reverência. E eles, sem nem mesmo pensar, uniram seus dedos magros e até sorriram: "Namastê".

Esta cena emocionante me fez lembrar do significado original da palavra *aisatsu* (o mesmo que cumprimento em português). Essa expressão vem do zen-budismo. *Ai* significa "enfrentar por iniciativa própria" e *satsu*, "discutir e cortar ou dirigir perguntas cortantes". É uma palavra utilizada quando iniciantes ou estudantes de budismo fazem perguntas a seus orientadores, ou quando os mestres fazem perguntas a seus discípulos a fim de avaliar sua capacidade de compreensão. Eu, que estava temerosa daquela multidão – uma realidade desconhecida para alguém que sempre viveu no Japão, assustada ao vê-los durante a tarde esbravejando, erguendo os punhos e gritando, me fazendo pensar nas descrições budistas dos seres insaciáveis, espíritos famintos – precisei de certa dose de coragem para falar em voz alta "Namastê" e fazer o gesto de prece e reverência. Mas, assim que o fiz, as mãos sedentas para receber alguma coisa material se transformaram no mesmo gesto de prece que eu fazia, devolvendo a mim aquilo que eu lhes dava – um sorriso. No budismo dizemos que o sorrir é uma doação importante. "Namastê" foi outra forma de doação, doar palavras amáveis. Também importante no budismo. Talvez essa cena tenha trazido de volta um pouco da dignidade humana perdida nas ruas, nos sofrimentos profundos que nos fazem cerrar o coração. Despertando e vibrando novamente, responderam sorrindo "Namastê".

No caminho de volta ao hotel, apressava os passos pelas ruelas sombrias de Calcutá. No céu, as estrelas firmavam sua luz mais e mais. Em mim, as duas cenas oscilavam e se sobrepunham: a cena medonha de pessoas raivosas com braços levantados ameaçando, exigindo doações, e a cena do final da tarde do grupo respondendo à minha saudação com um sorriso e as mãos em prece. Minha cabeça não parava, procurando uma resposta à questão: qual a missão daqueles que dedicam sua vida totalmente à religião?

Madre Teresa reduziu ao máximo suas necessidades, recebendo doações de pessoas ricas, medicamentos e alimentos para distribuir entre os mais pobres e os doentes abandonados.

Buda comparava os ensinamentos a um bom remédio e o Ser Iluminado ao Senhor da Medicina, lembrando a todos que tudo se passa na mente, que tudo tem a ver com a maneira como se vive. Ele mesmo não se atribuía nenhum tratamento, nem medicamento, nem alimentos.

Shakyamuni Buda viveu como o mais humilde entre os humildes, como o mais pobre entre os pobres, vivendo sob árvores e sobre pedras, vestindo-se com três mantos de tecido descartado e tendo apenas uma tigela de comer. Ele passou do lado daquele que dava esmolas para o que esmolava, recebendo qualquer oferenda com a tigela na mão. Se lhe davam água de lavar arroz, já fermentada, ele aceitava e entoava um agradecimento profundo ao doador.

Aos discípulos proibira que fizessem adivinhações, que esperassem receber ofertas caritativas, mas recomendou que colocassem à disposição de todos a melhor oferenda que existe: sua própria e profunda purificação. Este ensinamento mostra uma mudança de 180 graus na maneira de viver: deixar de ser aquele que recebe oferendas para ser aquele que oferece uma nova forma de vida.

Quando pensamos na procura de satisfação pessoal e na ganância, existem diferenças de grau, mas a postura é sempre a mesma, seja para um pobre sem um centavo, seja para o grande empresário que movimenta milhões. Quem procura essa satisfação pessoal não encontra salvação. Nesse caminho de satisfação da ganância, cuja escalada aumenta progressivamente, não há conforto, nem tranquilidade. Só quando a pessoa muda sua maneira de ser, convertendo-se à outra forma de vida, é que pode libertar-se. Sem a coragem para enfrentar qualquer situação e sem o grande coração de compaixão, não há como ensinar aos seres humanos que os bens materiais não libertam ninguém, e que nenhuma outra pessoa pode nos libertar.

Na Índia, onde o povo vivia abaixo do limite da pobreza, surgiu uma riqueza espiritual que, mesmo depois de três mil anos, continua a salvar pessoas pelo mundo afora. No Japão, vive-se em extrema fartura e a pobreza espiritual parece não ter salvação. Na Índia, onde os poderes públicos, tanto políticos como econômicos, encontram muitas dificuldades, a atuação de religiosos como Madre Teresa é imprescindível.

Em um país onde os poderes públicos – as ações políticas e previdenciárias – abrangem todo o território nacional e os problemas de pobreza, doença e idosos podem ser resolvidos por especialistas de cada setor, a população aspira com expectativa à missão religiosa, que é única e exclusivamente uma questão de fé. Aqui, isso se torna muito mais importante que doar bens materiais, ou cuidar de doentes.

De volta ao hotel, depois do jantar voltei ao meu quarto e me sentei sobre a cama para fazer *zazen*. Coloquei de lado todos os pensamentos emaranhados – aqueles que não sabemos por onde entram e por onde saem – e permaneci em silêncio. As palavras do mestre Dogen surgiram em mim: "A realização é sentar-se e sentar-se – durante muito tempo e continuamente".

As irmãs da missão de Madre Teresa se responsabilizavam por várias escolas dominicais. Fui convidada a participar de uma delas. Para assistir à missa das sete, entrei pelos portões de uma das igrejas. Havia uma multidão saindo. Teria acabado a missa? Alguém me respondeu que terminara a missa em hindi. Às sete horas seria em inglês, e ao anoitecer em bengalês. Três missas iguais, no mesmo dia, é uma atividade muito gentil, mas também muito trabalhosa. No Japão, onde há maior homogeneidade e onde se fala praticamente a mesma língua, isto é inimaginável. Na Índia há inúmeras etnias. Das línguas principais há 17 dialetos subdivididos em 120 e 220 grupos diferentes. Muitos, evidentemente, não estariam incluídos nas três missas ali rezadas.

A situação linguística, que não pode ser resolvida a curto prazo, é um dos fatores que impedem o desenvolvimento econômico da Índia e sua modernização. Ao mesmo tempo, é a sua proteção contra o materialismo desenfreado, o consumismo, o culto aos bens materiais. É fácil compreender por que pessoas de países considerados grandes potências, que sempre perseguiram a riqueza material, finalmente cansados disso tudo peregrinam à Índia em busca da espiritualidade.

Quando caminhamos e percebemos estar perdidos, basta voltar a um local conhecido para reencontrarmos o caminho correto. A Índia parece ser um desses pontos. Há alguma coisa ali que nos indica o caminho correto. Talvez seja a capacidade de parar e recuar, numa época de desenvolvimento científico rápido, em que só se pensa em avançar a grande velocidade. Não sendo em japonês, eu não tinha condições de compreender a missa, seja qual fosse das três línguas que utilizassem. Assisti à missa em inglês e fui para a escola dominical, onde tentava compreender o que ensinavam. Nesse momento, entrou uma irmã dizendo que havia alguém que gostaria muito de falar comigo. Fiquei intrigada. Quem poderia querer conversar comigo em uma igreja católica em Calcutá?

Segui a irmã até uma família de chineses que me aguardava. Eu não os conhecia até aquele instante. Uma senhora de cerca de 60 anos se aproximou, tomou minhas mãos entre as suas em um gesto de alguém que sentia muita saudade e começou a falar comigo em chinês. Seu filho, ao lado, traduzia o que ela falava, explicando que eles eram católicos, porém que sua mãe era budista e sentia muita falta de encontrar monges budistas. Ao me ver, havia feito tudo o que podia e não podia para se encontrar comigo. Ela acariciava o meu nome bordado no *zutabukuro* (bolsa de monja) como se tocasse alguém muito querido e disse que essas eram letras e caracteres de seu país. Seus olhos brilhavam intensamente. Tentei encontrar em meu *zutabukuro* alguma coisa, algum objeto que pudesse consolar aquela senhora saudosa de seu país e de sua religião. A única coisa que encontrei foram cinco ou seis garças de origami que eu havia dobrado em papel para doar às crianças da escola dominical. Eu os dei a essa senhora dizendo que eram "mensageiros da paz". Ela os recebeu como quem recebe um tesouro. Despediu-se e foi-se afastando com a família, voltando-se inúmeras vezes nessa caminhada. Senti profundamente a nostalgia e a ternura que somente pessoas ligadas à mesma religião podem sentir, ao se encontrar em áreas onde sua tradição é minoritária.

Fui chamada pela irmã que me mostrava a escola dominical. Procurei andar cuidadosamente pelos cantos dos corredores para não atrapalhar as aulas. No entanto, meu traje amarelo e meu chapéu de monja, que não permitiam distinção entre traje feminino ou masculino, chamavam muita atenção. As crianças se levantavam de seus assentos para me ver passar, como se a aula tivesse perdido todo seu encanto. Fiquei sem ação, pensando em desistir da visita à escola, quando a irmã que me acompanhava me convidou a entrar em uma das salas de aula e falar alguns minutos para as crianças. Deveria ser uma classe de quarta ou quinta série. Ao me apresentar, falei:

"Sou monja budista no Japão. Budismo é o ensinamento de Shakyamuni Buda, que nasceu em seu país há 2.500 anos".

Quando a intérprete traduziu, os olhos das crianças brilharam e começaram a levantar suas vozes em alegria, todas falando ao mesmo tempo:

"Kapilavastu Sidarta!"

As crianças levantavam as mãos ao alto, como se pulassem e dançassem de alegria. Fiquei fascinada com esse entusiasmo e continuei:

"Sim, o budismo surgiu quando o Príncipe Sidarta, que nascera no castelo Kapila, saiu para se tornar monge em busca do Caminho da Verdade. Depois de várias práticas, conseguiu descobrir seu Eu verdadeiro e nos transmitiu sua experiência de iluminação".

Terminando de falar, senti-me meio culpada. Parecia estar fazendo propaganda do budismo em uma escola dominical católica. Então acrescentei:

"A verdade é uma só. Acredito que Jesus Cristo chamava de Deus e Shakyamuni Buda de Darma. Assim como muitas plantas florescem com tanta beleza para enfeitar a Terra, muitas religiões diferentes estendem mãos amistosas a fim de trabalhar para a felicidade da humanidade. Foi pensando dessa maneira que vim do Japão para apreciar o trabalho de Madre Teresa".

Provavelmente minha explicação tenha sido difícil para as crianças. No entanto, acredito que a tradutora tenha simplificado o bastante para que as irmãs e as crianças concordassem. Elas cantaram em voz alta uma canção de boas-vindas:

Manifestando alegria com todo o corpo
Kapilavastu
Uma voz mais alta que a outra
Crianças da terra que deu luz a Buda
Lembrei-me das palavras do poeta:
Torrão natal
Laços de sangue
Dos sangues ancestrais.

Percebi que as crianças, embora estudassem em escolas dominicais, ouvindo ensinamentos cristãos e crescendo em instituições católicas, continuavam a ter um sentimento de carinho e orgulho por Shakyamuni Buda, que havia nascido em seu país, e cujos ancestrais estão a eles ligados pelo sangue – uma força que não pode ser movida pela razão, mas forma uma corrente espiritual que flui de geração a geração no coração hindu.

Pensando nisso, lembrei-me da irmã japonesa que encontrei quando visitei a Europa, estabelecida em um mosteiro cristão. Ela me disse:

"Vim para cá há mais de 30 anos esperando enterrar meus ossos de irmã católica aqui na Europa. Sou cristã, mas sinto tranquilidade ao ler livros e ouvir ensinamentos budistas ou zen-budistas. Racionalmente, sei que sempre servirei à causa católica, mas será que o sangue de meus ancestrais budistas se acalmou? Quando penso sobre o Zen, sobre budismo, meu sangue flui em paz".

Durante minha visita à Índia, estive nas instalações hospitalares de Madre Teresa, denominadas Trem Dan

(Presente de Amor, em bengalês). Nesse local, são acolhidas pessoas com doenças recuperáveis e se dá assistência social aos favelados: medicamentos, alimentação, educação para as crianças. Enquanto visitava o interior do hospital e as outras áreas internas, alguns doentes se aproximavam, ajoelhavam-se, acariciavam meus pés e colocavam as mãos em suas cabeças em uma saudação de reverência profunda. Essa é a maior reverência que se pode fazer na Índia. Eu nunca havia sido tratada assim antes. Há um sutra que diz: "*Bussoku Chodai*" – receber pelos pés de Buda. Será que eles também eram budistas?

A irmã que me acompanhava disse que alguém queria me ver. Fui ao local indicado e novamente encontrei uma pessoa da China. Desta vez, era um homem de cerca de 50 anos, deficiente das pernas. Ele segurou minhas mãos e chorou em voz alta, dizendo que a China e o Japão eram vizinhos, povoados pelo mesmo grupo étnico e que as letras bordadas em minha sacola de monja, em caracteres chineses (*kanji*), são os mesmos caracteres usados em seu país.

Há uma certa lógica nisso. Tanto japoneses quanto chineses são genericamente chamados de "raça amarela". Ao conhecer a Índia, percebi um mundo completamente diferente daquele que até então conhecia. Os indianos, classificados como indo-europeus, têm o olhar penetrante e a linha do nariz reta, parecendo-se bastante com as pessoas da Europa. Por outro lado, este homem recolhido aqui no hospital, sem poder falar a língua da região e com uma fisionomia tão diferente da população local, ao encontrar-se comigo, uma outra oriental, de feições semelhantes às suas, parecia estar encontrando uma irmã.

Será que a saudade pode ser tão grande a ponto de causar emoção tão forte em alguém que encontra uma outra pessoa que vive perto de sua pátria, ou que sabe utilizar os mesmos caracteres? Imagino a solidão do poeta Taku Boku Ishikawa, que mesmo no próprio Japão, de tanta saudade, ia até a estação de trem para sentir um pouco do calor de quem chegava, querendo ouvir o sotaque de sua região e com isso obter algum conforto.

Saudade de minha terra.
Saio de casa em busca do sotaque
de um povo tão saudoso.
A estação fervilha de gente.

Há laços sentimentais que vão além da razão. Amar a terra em que se nasceu é um sentimento que desperta da parte mais profunda do ser e está ligado às necessidades primitivas. Não se pode ignorar esse sentimento humano, que está relacionado com a fé, com a simpatia pelos próximos em aparência, com a maneira de falar. Se isso for ignorado, tentando-se forçar a adoção de uma nova cultura, de uma nova fé, não haverá frutos, mesmo que os ensinamentos sejam maravilhosos e de uma fé superior, de boa vontade e grandes recursos. Por isso me maravilhei com a grandeza de Madre Teresa. As cerimônias fúnebres eram sempre feitas de acordo com a religião do falecido, embora ele tivesse sido cuidado, até seus últimos momentos, em uma instituição católica.

Com que raro discernimento e compreensão Madre Teresa cuida dos pacientes recolhidos! Trata-se da manifestação de sua grandeza e do amor que tem pelas pessoas. Percebi então que a própria Madre Teresa se transformava em uma entidade indiana, com o coração aberto a todos, coração de mãe, de amor envolvente e profundo, que fazia dela uma parte da Índia.

A capela central do hospital tem uma mesa simples sobre o piso de pedras. Na parede, há um pequeno crucifixo e uma escultura da Santíssima Virgem Maria e da Santíssima Arca. Não havia nenhuma cadeira, nem mesmo para a Madre. Lembrei-me da pequena capela de São Francisco de Assis.

Dizem que Madre Teresa concluiu seus estudos no convento de Loretta. Pude conhecer seu trabalho, saindo às ruas pedindo esmolas, alimentos e medicamentos para as pessoas pobres, levando o que conseguia para as favelas, tratando doentes, alimentando os sem-teto, ensinando crianças a ler e escrever, usando como lousa o chão e como giz pedaços de madeira ou pedras. Madre Teresa doava até seu último centavo para quem precisasse, muitas vezes retornando a pé até a irmandade, percorrendo grandes distâncias. Em minha mente, a imagem de Madre Teresa se sobrepôs à de São Francisco de Assis, e lembrei-me também de Santa Clara, que devia ter sido assim, a madre que ama as irmãs. Mais tarde soube que Madre Teresa, assim como São Francisco, ao elaborar as normas da sua comunidade "Cia. de Fiéis ao Amor de Jesus", não quis ter uma habitação própria. Verifiquei que era verdade o que eu supunha sobre ela.

Nessa época, Madre Teresa viajava o mundo todo, ficando poucos dias na Índia. Era a irmã Andrea que a substituía. E eu disse a ela:

"Se eu for abençoada com uma segunda oportunidade de visitar esta terra, terei imenso prazer em vir aqui, para reencontrar-me com você, irmã Andrea".

Ela me respondeu:

"Ah! É difícil dizer se teremos essa oportunidade! Não sei nada sobre o que vai acontecer no futuro. A qualquer momento pode chegar uma ordem do Vaticano para que eu vá a uma nova missão. Vivo preparada para isso, com a mala já feita. Aliás, fazer a mala não é nenhum problema, pois a 'mala' a que me refiro é pouco mais que uma pequena trouxa".

Fiz uma reverência sem palavras. Que austeridade! Alguém que doou tudo, sem necessidade de posse. Ela era a verdadeira figura do *unsui*. Fiquei constrangida ao pensar nos monges japoneses de hoje – inclusive eu – que possuem coisas demais, incapazes de empacotá-las mesmo em 3 ou 5 dias.

A imagem da Santíssima Virgem Maria na capela parecia simbolizar Madre Teresa, que enfrenta a extrema pobreza de um povo, para a qual não se vê solução de melhora a curto prazo. Sem armas, Madre Teresa vive com esta situação. Talvez ela mesma tenha momentos em que se sente perdida e cai em prantos. Mas encontra a salvação rezando a Deus. As preces dão energia a Madre Teresa e às outras irmãs que a assessoram e continuam sua missão sagrada. Eu olhava a imagem da Virgem Maria, mãe de Jesus, e inesperadamente rolaram lágrimas de meus olhos. Rezei fervorosamente para que Madre Teresa, as irmãs e as pessoas humildes estivessem sempre protegidas.

EPÍLOGO

ESTAMOS NAS MÃOS DE BUDA

Passam burros, passam cavalos

Um dia, enquanto lia atentamente um compêndio de palavras de monges Zen da dinastia Tang (618-907), surpreendi-me com uma frase: "Pela ponte, passam burros, passam cavalos". Fui tocada a ponto de soltar uma exclamação de surpresa.

Mesmo as *unsui*, sendo seres humanos, perdem às vezes o Caminho correto. Minha tarefa é tornar-me uma ponte para que, de algum modo, estas *unsui* – que são diferentes umas das outras – possam chegar todas à outra margem. Aquela frase me tocou tanto porque me fez refletir sobre mim mesma, sobre como ainda estou longe de meus verdadeiros votos. Tenho sempre mantido essas palavras em meu coração para me lembrar e me disciplinar. Enquanto lutava para me tornar "uma ponte", soube que exatamente essa palavra tinha sido escolhida como o tema do Encontro Imperial de Poesia anual. Desse modo, como todos os anos costumo aproveitar o tema do imperador para meus poemas, fiz os seguintes versos:

Ainda que reze para poderem passar burros e cavalos,
sou aquela que diferencia entre um e outro,
incapaz de manifestar esta grandiosa bênção.

Joshu Zenji, um dos grandes mestres Zen da dinastia Tang, morava em um templo de nome Kannon-in. Para atingi-lo era necessário passar por uma ponte. Certa vez, um monge lhe fez a seguinte pergunta: "Como é a ponte de Joshu?" Não estava perguntando sobre a ponte que levava ao templo,

SERVIR AOS OUTROS COMO UMA PONTE

mas desejava conhecer o ensinamento de Joshu sobre a prática budista. A resposta do mestre Joshu: "Passam burros, passam cavalos".

Joshu queria dizer que o budismo é como uma ponte que deixa passar tanto burros, quanto cavalos. Uma ponte não faz distinções entre amigos e inimigos, santos ou pecadores. Ajuda todos a passar, sem reservas. Faz sua missão silenciosamente, sem colocar condições, qualquer que seja a atitude de quem a atravessa. Há aqueles que podem até mesmo chutar ou urinar sobre ela, reclamando, achando-a insuficiente e fraca. Poucos a atravessam com gratidão. Não importa. A função da ponte é deixar que todos passem.

Joshu esperava, com grande compaixão, que todos pudessem atravessar o rio da vida, da margem da ilusão para a outra margem, a da iluminação. Sua prática, ilustrada perfeitamente pela imagem da ponte, é a de um grande Bodisatva.

Comparando minha conduta com a de Joshu, devo admitir que escolho as pessoas segundo meus próprios gostos pessoais, medíocres e volúveis. Faço passar os cavalos, mas não os burros. Ajudo meus amigos, mas não meus inimigos. Não apenas faço esse tipo de seleção, mas espero também que as pessoas me agradeçam, dizendo: "Sua ponte é mesmo muito útil. Obrigado!" Nesse momento, imponho condições. Meu ego toma as rédeas e fica de mau humor se alguém critica a minha ponte ou tem o desrespeito de urinar sobre ela. Estes eu não deixo passar.

A expressão "passam burros, passam cavalos" se tornou como um sutra para mim. Recebendo os fiéis e as monjas, sempre o rezo mentalmente. Mas um dia percebi: "Não basta ser uma ponte, é preciso ser um remador". Quem deseja passar sobre a ponte do budismo sabe, consciente ou inconscientemente, que a outra margem de Buda é melhor do que este mundo secular e ilusório, e que para atingi-la é necessário usar essa ponte.

Por outro lado, existem também pessoas que não sabem nem mesmo da existência da outra margem e permanecem sempre neste mundo, sofrendo. Acredito que a maior parte das pessoas viva assim. Outros, mesmo sabendo da existência da outra margem, preferem este mundo terreno e, obstinados, recusam-se a passar pela ponte. Para informar essas pessoas da existência e da beleza do outro lado e suscitar nelas o desejo de passar, não é suficiente ser uma ponte parada. É preciso se movimentar. É esta a tarefa do "remador". Em outras palavras, o remador deve ter também a capacidade de dar às pessoas tudo o que desejam neste mundo: alimentos, riqueza, glória e amor. Acho que o verdadeiro papel de um remador é esse.

Nós, monges, deveríamos esquecer nossos hábitos religiosos para estar no mesmo plano de todos, sendo capazes de compartilhar do chorar, do sofrer, do riso e de sermos envolvidos pelas mesmas situações. Só assim, aos poucos, as pessoas se darão conta do verdadeiro Caminho e serão guiadas para o mundo de Buda. Esta nossa prática, que exprime o voto e a disciplina de ajudar os outros, é simbolizada pela ideia de Kannon que se transforma em trinta e três ou cem formas para salvar todos os seres. Kannon salva não apenas os seres humanos, mas também os animais. Seu cuidado em pensar também nas criaturas não humanas está representado na estátua de Bato Kannon[166].

No *Sutra Kannon-gyo* está escrito: "Onde quer que esteja, não há nada que possa existir sem o poder de Kannon". Uma vez que se abram os olhos do coração, podemos nos dar conta de que uma pessoa antipática na verdade é Kannon, que nos faz perceber nossa própria limitação. Podemos entender que a doença, o fracasso ou a separação daqueles que amamos são os meios com os quais Buda nos faz entender que devemos parar de tentar satisfazer nossos desejos egoístas, e enfim despertar para a verdade da vida. Estamos todos envolvidos pelos estratagemas de Buda, para nos ajudar a encontrar o verdadeiro Caminho.

Quando entendi isso, percebi que minha ideia de me tornar uma ponte para conduzir os outros à margem oposta era presunçosa. Compreendi então que, em vez de ser uma ponte ou um remador, estou sendo, eu também, sempre ajudada a atravessar para a outra margem.

PALAVRAS FINAIS*

Ainda me lembro nitidamente da emoção com que contemplei o quadro *Em qualquer lugar, estou nas mãos de Buda*, de Soetsu Yanagi[167]. A obra estava no lugar de honra da sala de uma loja antiga no centro de Tóquio. Naquela época, eu estava com quase trinta anos. Passaram-se mais de vinte anos desde então. Aqui foram compilados artigos e colunas que escrevi, sem me intimidar por minha imaturidade, a pedido de editores de revistas e jornais, em várias publicações durante todos esses anos.

No início deste projeto, fiquei muito retraída. Na época em que escrevera atendendo a várias solicitações, certamente o fiz com muita atenção e vontade. É por isso que posso dizer que estes artigos são o testemunho de meu caminho percorrido. Tentei sempre fazer o melhor que podia, aprendendo aqui e ali com meus erros. No entanto, ao refazer estes passos e os expor à luz do dia, penso que muitos poderão lê-los e isto é bastante constrangedor. Por várias vezes tive vontade de pedir que suspendessem a publicação.

* Escritas para a primeira edição em japonês. (N. da T.)

Porém, estes passos são importantes, pois me trouxeram ao ponto onde estou agora. Para que eu pudesse segui-los, fui totalmente guiada por Buda e por isso não os posso descartar. Ao mesmo tempo, ao ler livros de grandes mestres que buscaram a verdade, percebo que seus ensinamentos, após alcançarem o Nirvana, são muito instrutivos, mas eles mesmos falam de uma época em que ainda eram jovens e não compreendiam o Caminho. E por esse motivo, pensando na possibilidade feliz de outras pessoas resolverem seguir o Caminho, inspiradas de alguma forma por estas histórias, resolvi aceitar a gentileza da editora em publicar meus erros.

Embora estes artigos tenham sido escritos por mim, fiquei totalmente perdida ao tentar organizá-los. Expresso meus sinceros sentimentos de gratidão a Hiromi Matsumoto, que selecionou, classificou e organizou os materiais entre inúmeros outros que foram escritos, colocando-os todos em uma forma legível. E também ao professor Keiichi Sakuma[168], por sua ilustração *Menino em prece*, que preenche nosso coração de calor humano.

Há muito tempo passei do topo da vida que Buda me concedeu. No entanto, enquanto eu for mantida viva, rezo para que possa sempre perceber que "em qualquer lugar, estou nas mãos de Buda".

Mãos em prece.

30 de abril de 1983.

Shijo – três toques de sino para iniciar o *zazen*.

NOTAS

1. *Zagu* – tecido para colocar no chão antes de fazer prostrações.
2. *Shijo* – três toques de sino que dão início aos períodos de *zazen*.
3. *Zazen* – em chinês, *zuochan*. Palavra japonesa composta das sílabas *za* (sentar-se) e *zen* (meditação). Literalmente "sentar-se em meditação" ou "meditação sentada". É a prática meditativa do zen-budismo, feita rigorosamente em silêncio. O *zazen* pode ser feito sentado numa cadeira, apoiado num banquinho e mais tradicionalmente sentando-se numa almofada arredondada chamada *zafu*. A posição tradicional é a "lótus" (em sânscrito, *padmasana*) – o pé direito sobre a coxa esquerda e vice-versa, a coluna reta, as mãos no chamado "mudra cósmico", com as pontas do polegar unidas e os olhos semicerrados, baixos e pousados.
4. *Kinhin* – durante os longos períodos consecutivos de *zazen*, quando as pernas adormecem ou há sonolência, o *kinhin* é a maneira formal de se andar em fila indiana e lentamente, durante cerca de 10 minutos, dentro da sala de meditação, para restabelecer a circulação e aliviar o corpo da posição sentada. É a meditação caminhando. Literalmente "oração caminhando".

5. *Chukai* (japonês) – sinal do término do *zazen* ou breve pausa entre os períodos de *zazen* durante os retiros de meditação, que duram vários dias e são chamados de *sesshin*.
6. Nehan Sesshin – é o retiro anual realizado em fevereiro nos mosteiros zen-budistas em homenagem à morte de Shakyamuni Buda, chamada de Parinirvana (entrada no Grande Nirvana Final). *Nehan* (japonês), Nirvana (sânscrito), *nibbana* (páli) – literalmente "extinguir". Originalmente estado de iluminação atingido por Shakyamuni Buda. Estado alcançado ao extinguir todas as delusões. É a terceira das Quatro Verdades Nobres (sofrimento, causa, Nirvana e caminho de oito aspectos) do primeiro discurso de Shakyamuni Buda, depois de obter a iluminação. É um estado de paz e tranquilidade, obtido mediante a sabedoria suprema.
7. Mosteiro-Sede de Eiheiji – construído no século XIII (fundado em 1243) pelo mestre fundador da tradição Soto do zen-budismo no Japão, Venerável Eihei Dogen, tendo como patrono Yoshishige Hatano. Direcionado ao treinamento de monges da tradição Soto, do zen-budismo, já teve de ser reconstruído duas vezes devido a incêndios. Localizado nas montanhas da província de Fukui, é um dos dois grandes templos-sede da tradição Soto japonesa.
8. Fukui – província localizada na costa do Mar do Japão, na ilha principal do arquipélago japonês. Está ao sul da província de Ishikawa, ao norte de Gifu e tem ao leste Quioto e Shiga. A área do norte, onde se localiza o Mosteiro-Sede de Eiheiji, é montanhosa e tem clima úmido e nebuloso, com fortes chuvas e muita neve no inverno.
9. Aizu Yaichi (1881-1956) – também conhecido como Shuso Dojin, poeta de *tanka*, historiador de arte e calígrafo. *Tanka*

significa literalmente "poesia curta". São poemas de 31 sílabas, constituídos de cinco linhas na seguinte formação: 5-7-5-7-7.

10. *Hekigan Roku* – literalmente "anais do penhasco azul" – famoso texto zen-budista baseado em cem *koans* com poemas do monge chinês Setcho Juken (980-1052), considerado um dos textos fundamentais da Escola Rinzai e que também foi estudado cuidadosamente pelo mestre Dogen (Eihei Dogen, 1200-1253), fundador da escola Soto, que o teria copiado na noite anterior de sua partida da China para o retorno ao Japão, depois que recebeu a Transmissão do Darma do Mestre Tendo Nyojo.
11. Dinastia Tang (China) 618-907.
12. Joshu Jushin (778-897) – famoso mestre Zen da China, discípulo do mestre Nansen Fugan (748-834), aluno de Baso Doitsu. Mestre Nansen viveu trinta anos como eremita e um de seus episódios famosos foi o de cortar um gato em dois, uma vez que seus discípulos não conseguiram dizer uma palavra que verdadeiramente o pudesse salvar. Joshu ficou conhecido por suas respostas curtas como a do famoso *koan* "Mu".
13. Zen – termo japonês que traduz o chinês *ch'an*, por sua vez derivado do sânscrito *dhyana*, "meditação". É o nome de uma corrente do budismo japonês inspirado no Chan, escola "histórica" do budismo chinês que remonta à transmissão silenciosa de Shakyamuni Buda no Pico do Abutre, além da vinda para a China do monge indiano Bodhidharma, por volta de 520 d.C., colocando ênfase na simultaneidade da iluminação (*satori*) e da prática, valorizando todos os aspectos da vida cotidiana, mesmo os mais humildes, como meios

para o despertar. O núcleo deste caminho é a meditação sentada, ou *zazen*, que nos leva a experimentar um estado de despertar como o realizado por Shakyamuni Buda. No Japão, onde o Chan se difundiu com o nome Zen, as duas escolas mais importantes atualmente são a Rinzai e a Soto. Há uma terceira tradição chamada Obaku, mas com poucos adeptos.

14. *Tokonoma* – nicho construído nas casas japonesas onde se colocam objetos de arte, peças raras, caligrafias ou pinturas, bem como arranjos de flores, seguindo regras estéticas tradicionais, marcando cada estação do ano, festividade ou encontro.
15. Takashina Rosen (1896-1968) – mestre Zen Daikan Doko (título recebido do imperador japonês) é o Grande Monge Gyokudo Rosen, que foi abade superior dos dois templos-sedes da Escola Soto Zen no Japão e fundador dos primeiros templos da Escola Soto Zen na América do Sul (Brasil).
16. Saquê – bebida alcóolica de arroz fermentado.
17. Fugai Ekan (1568-1654) monge da Escola Soto Zen e pintor. No fim da vida se tornou monge peregrino, recusando honras oficiais e passou a viver em cavernas, por isso era conhecido também como Ana Fugai (Fugai da Caverna).
18. Kyushu – terceira maior ilha do arquipélago japonês, situada no extremo sul do Japão.
19. *Goeika* – cantar ensinamentos budistas em forma de poesia, geralmente em coro, acompanhado de pequenos sinos, usado em cerimônias religiosas solenes.
20. *Sensei* (japonês) – literalmente "nascido antes", termo honorífico de tratamento para professores. Os monges e monjas que terminaram os anos básicos de treinamento e receberam a Transmissão do Darma são autorizados a ensinar e são chamados de *sensei*.

21. Bankei Yotaku (1622-1693) – também conhecido como Bankei Eitaku, monge budista da Escola Rinzai que teve cerca de 50 mil discípulos.

22. Eihei Dogen (lê-se Doguen) (1200-1253) – fundador da Escola Soto Zen no Japão. Sua obra mais famosa é o *Shobogenzo*.

23. *Tenzo Kyokun* – literalmente "instruções para o *tenzo*" (chefe de cozinha de um mosteiro Zen). Texto do mestre Dogen orientando a importância da prática de preparação das refeições para os monges, que é a mesma prática do Caminho Iluminado na vida diária de cada um.

24. Darma – em sânscrito, *Dharma*; em páli, *Dhamma*; em japonês, *Hoo* – é derivado de *dhri* que significa "sustentar", "manter". Tem muitos significados. Quando usado com *D* maiúsculo se refere aos ensinamentos de Buda, e também é traduzido como doutrina, lei, verdade. Quando usado com *d* minúsculo indica todos os fenômenos da realidade suprema, ordem e energia universal das quais a doutrina de Buda é a expressão: em outras palavras, os fenômenos ou a posição ocupada em um dado momento no Cosmo.

25. *Hou* – instrumento acústico de madeira em forma de dragão ou peixe colocado no *gaitan* (área externa) da sala de meditação, geralmente usado para anunciar o início das refeições formais.

26. Sutra – textos sagrados budistas que explicam o ensinamento de Buda, reportando as transcrições de seus discursos.

27. *Unsui* – literalmente "nuvem e água" – nome dado aos monges e monjas em treinamento.

28. Shakyamuni Buda – Buda histórico, fundador do budismo, cujo nome original era Príncipe Gautama Sidharta. *Shakya*

se refere ao nome do clã a que ele pertencia e *muni* significa "sábio".

29. *Shobogenzo Zuimonki* – literalmente *O olho – tesouro do Darma correto*, obra de Eihei Dogen. Ele pretendia escrever cem capítulos, porém morreu antes de terminar. Há uma versão oficial com 95 capítulos. *O olho – tesouro da Lei Verdadeira* e *A suprema mente de Nirvana* são considerados os ensinamentos de Buda transmitidos a seu discípulo Makakasho.
30. *Sangha* – termo sânscrito que indica uma comunidade de praticantes ou monges.
31. Daibai Hojo (752-839) – literalmente "grande ameixa Darma eterno", nome de um dos inúmeros monges discípulos de Baso.
32. Baso Doitsu (709-788) – famoso mestre Zen da China, foi ordenado com 12 anos de idade e recebeu o selo da Transmissão do Darma do grande mestre Nangaku Ejo. Era muito respeitado por sua grande sabedoria e capacidade de educar. Deixou inúmeros discípulos.
33. Wariko Kai – poetisa e ensaísta contemporânea.
34. Kosho Uchiyama Roshi – (1911-) – monge e professor contemporâneo da Escola Soto do Japão. Discípulo de Kodo Sawaki Roshi, substituiu seu mestre como abade, durante dez anos, no Mosteiro Antaiji de Quioto (1965-1975). Casou-se pela primeira vez com mais de 70 anos e vive com a esposa num pequeno templo nas proximidades de Quioto. Escreveu mais de vinte livros sobre Zen, incluindo traduções e interpretações de mestre Dogen e também livros sobre origami, do qual é especialista. Fez mestrado em Filosofia Ocidental e se dedica também a estudos comparados de budismo com a Bíblia. Roshi – literalmente "velho mestre" – termo honorífico para mestre ou monge professor.

35. Songoku e Kinto – personagens de uma novela clássica chinesa. Songoku é um macaco divino, criador de uma nuvem dourada capaz de voar com a velocidade da luz (Kinto), com a qual quer alcançar o fim do mundo. Passando por inúmeras aventuras, voou até o fim do Universo e quando chegou lá percebeu que ainda estava na mão de Buda.

36. Shinran Shonin (1173-1263) – fundador da seita budista Jodo Shin Shu (Verdadeira Terra Pura), cuja característica principal é a fé em Amida Buda e em seu Voto Original (*Hongan*) de salvar todos os seres que apenas pronunciassem seu nome. A prática principal é de repetir o *Nembutsu* (literalmente "pensar Buda"): Namu Amida Butsu.

37. *Sutra do Nirvana* – em japonês *Nehan gyo*, último sermão do Buda Original Fundador, Shakyamuni, feito pouco antes de entrar no Parinirvana (Nirvana final), ou seja, morrer.

38. Príncipe Shotoku (574-622) – também chamado de Shotoku Taishi (Príncipe com a Virtude de Sábio e Grande Mestre), estadista do período Asuka, considerado patrono do budismo no Japão. Fez um édito imperial para a promoção do budismo, dando ajuda direta para a construção de templos. Fez comentários de sutras e até hoje seus manuscritos de cópias de sutras, em papel azul com letras douradas, são exibidos nos museus japoneses.

39. Nirvana (sânscrito), *Nibbana* (páli), *Nehan* (japonês) – "extinção, solução", ou mesmo "apagar-se ou extinguir-se como uma lâmpada cujo óleo foi consumido". Termo sânscrito que indica o estado de iluminação que se segue à extinção da ignorância. É a meta suprema e o estado ideal do budismo, no qual não existe mais nenhum sofrimento.

40. Oyama Sumita – poeta de Matsuyama, em Shikoku, sul do Japão.

41. Taneda Santoka (1882-1940) – poeta de *haiku*, tornou-se monge mendicante e escrevia durante suas viagens e peregrinações.

42. Shuko Murata (1422-1502) – discípulo de Ikkyu, monge e mestre da cerimônia do chá, ensinava a aristocracia a evitar ostentações e a observar os preceitos budistas durante as cerimônias do chá.

43. *Tsurezuregusa* – literalmente "ocorrências de um ocioso" – exemplo de prosa clássica japonesa contendo reminiscências, anedotas, meditações, descrições, reflexões, sendo quase um hino à transitoriedade, mantendo simultaneamente o respeito ao passado. De autoria de Yoshida Kenko (1283-1352).

44. *Koyu* (abade) – personagem citado no livro *Tsurezuregusa* (Ocorrências de um ocioso).

45. *Shoyo Roku* – literalmente "seis seções" – trabalho no qual Bansho Gyoshu dá sua opinião sobre cem comentários versificados por Wanshi Shokaku.

46. Futon – o mais importante dos componentes das camas japonesas, originado na metade do século XVI. Há o futon de baixo, que serve como colchão, e o de cima, que serve como coberta.

47. Tatame – cobertura de piso de casas, templos, castelos, feita de palha de arroz. São geralmente retângulos de 80 cm × 1,80 m, cobertos por palha de arroz trançada, tendo pedaços de tecido apenas na borda. A menor sala que existe é de 4 tatames. Há salões com mais de mil tatames e o tamanho das salas é medido pelo número de tatames que contêm.

48. *Sesshin* – literalmente "penetrar a essência ou unificar a mente" – nome dado a retiros de meditação intensiva da tradição zen-budista, com duração variável de 3 a 7 dias.

49. *Hannya Shingyo* – abreviação de *Hannya Haramita Shingyo*, em sânscrito, *Mahaprajna Paramita Hridaya Sutra*, *Sutra do Coração* (ou cerne) da *Grande Sabedoria Completa*, considerado por alguns como trecho do *Sutra da Grande Sabedoria Completa* ou sumário do mesmo, muito usado nas cerimônias religiosas zen-budistas.

50. *Fukanzazengi* – Regras universais de *zazen*, escritas por mestre Dogen ao voltar da China para o Japão, explicando detalhadamente o *zazen*.

51. Carma – em sânscrito, *karma* – literalmente "ação" – relacionado com a Lei da Causalidade, que envolve causa, efeito e os relacionamentos ou razões. Ação que deixa resíduo, ação que receberá sua volta dependendo das condições que encontre para que mature, ou a maturação de causas e condições em determinado efeito.

52. *Hokekyo Nyorai Juryo Hon* (japonês) – abreviação de *Myo Ho Renge Kyo Nyorai Juryo Honge – Sutra da Flor de Lótus da Lei Maravilhosa*, poema da vida eterna do Tatagata (Buda).

53. Quatro Nobres Verdades – aparecem no primeiro sermão de Shakyamuni Buda após a iluminação. São a base dos ensinamentos budistas, comum a todos os sectos que se seguiram após a morte do Buda histórico. Elas são: 1. *Dukkha* – sofrimento, dor, tristezas, problemas. 2. As causas. 3. Nirvana. 4. O caminho de oito aspectos.

54. Eiichi Enomoto – poeta e escritor.

55. *Sutra Kannongyo* – abreviação de *Myo Ho Renge Kyo Kanzeon Bosatsu Fumon Bon Ge – Sutra da Flor de Lótus da Lei Maravilhosa*, poema de Kanzeon Bodisatva.

56. Kannon Bosatsu, Avalokitesvara (sânscrito) – Bodisatva que personifica grande compaixão, misericórdia, bondade e amor. Título do capítulo XVIII do *Shobogenzo*, escrito por mestre Dogen.

57. *Shaba* – em sânscrito, *saha*. Alude ao mundo dos seres humanos, repleto de sofrimento.
58. *Yuge* – peregrinação ascética para difundir o budismo e ajudar as pessoas a se salvarem.
59. Jukichi Yagi (1898-1927) – poeta cristão japonês que nunca se afiliou a nenhuma igreja.
60. Dai Eki – poeta chinês da dinastia Sung.
61. *Dhammapada* – antologia de ditos ou ensinamentos budistas em versos. São 423 estrofes divididas em 26 capítulos. Literalmente *dhamma* são "ensinamentos, virtudes, doutrina, lei, verdade", e *pada* é "senda, caminho, atenção aos preceitos de Buda".
62. Kino Kazuyoshi – monge budista contemporâneo e erudito professor de budismo.
63. Hideo Kobayashi (1902-1983) – crítico, membro da Academia Japonesa de Arte, influenciou a literatura japonesa, estabelecendo a crítica como uma forma literária independente.
64. Akiko Yosano (1878-1942) – notável escritora e poetisa feminista, aclamada por sua apaixonada e sensual reinterpretação da forma poética clássica.
65. Era Meiji – 1868-1912.
66. Kanzan – literalmente "montanha fria" – monge recluso e poeta chinês da dinastia Tang (618-907).
67. Setsuko Kurobe – poetisa contemporânea.
68. Todaiji – maior templo-mosteiro do secto Kegon, em Nara, construído no século VIII, onde fica a estátua do Grande Buda de Nara, de 15 m de altura.
69. Sodo Yokoyama – monge e professor zen-budista contemporâneo.
70. Toson Shimazaki – poeta de Nagano, área conhecida como Alpes Japoneses.

71. Muneyoshi Yanagi (1888-1961) – historiador de arte e líder do movimento de resgate das artes folclóricas no Japão.
72. Amida Buda – em sânscrito, Amitabha. Há um sutra que descreve o monge Hozo, que fez 48 votos e se tornou Amida Buda no Paraíso do Oeste, depois de um longo treinamento budista. Seu nome significa Buda da Luz Infinita e é a imagem principal dos ensinamentos da Terra Pura e Kannon Bosatsu – o mesmo que Kanzeon Bosatsu – ver nota 56.
73. Hotetsu – mestre Zen Pao-chien, da dinastia Sung.
74. Masumi Sugae (1754-1829) – acadêmico e escritor conhecido por suas descrições sobre os costumes folclóricos das várias regiões do Japão.
75. Hyakujo Zenji – Hyakujo Ekai. Em chinês Pai-chang Huai hai (749-814) – herdeiro de Baso Doitsu, famoso por haver escrito um trabalho em duas seções sobre as Regras Monásticas.
76. Fudo Myo – literalmente "o imóvel senhor da luz ou da sabedoria" – imagem budista representada por uma figura escura, no meio das chamas, segurando uma corda e armada com espadas. Considerado uma emanação do Buda Cósmico, capaz de salvar os sem fé por meio do poder de palavras sagradas. Faz parte das divindades hindus que foram adaptadas ao panteão do budismo esotérico.
77. Ryo Miyahara – pintor contemporâneo de temas budistas.
78. Kodo Sawaki (1880-1965) – monge zen-budista, foi professor da Universidade de Komazawa. Desenvolvia estudos sobre o mestre Dogen e resgatou a prática de *zazen* e a *okesa* chamada de *funzoe* (feita da maneira indicada por mestre Dogen, com restos de tecidos). Foi monge andarilho, por isso era chamado de Kodo (Largo Caminho) Sem-Teto, pois não teve seu próprio templo e viajava pelo país ensinando *zazen*.

Foi abade do Mosteiro Antaiji, em Quioto, e deixou discípulos importantes como Kosho Uchiyama, Deshimaru Roshi (que desenvolveu o Zen na Europa) e Okamoto Kobun (monja professora do Mosteiro de Aichi, que transmite a confecção correta dos mantos budistas até hoje).

79. *Gakudo Yojinshu – Pontos a prestar atenção na prática do caminho*, escrito em 1234 pelo mestre Eihei Dogen para seus alunos do Mosteiro de Koshoji, em Uji, cercanias de Quioto.

80. *Sukiya* – estilo arquitetônico simples e austero, com delicada sensibilidade, usando madeira e outros materiais naturais. Utilizada principalmente em salas de cerimônia do chá.

81. *Ikebana* – arte japonesa de dispor as flores de acordo com técnicas ligadas ao espírito Zen. É um dos caminhos (em japonês, *do*, em chinês, *tao*) do Zen, ao lado do *cha-do* (caminho do chá), do *kyu-do* (caminho do arco), do *sho-do* (caminho da escrita), do *kendo* (caminho da espada), do *bushi-do* (caminho do guerreiro), isto para não mencionar a pintura com tinta da China (*sumie*), o teatro no, a arquitetura, a arte dos jardins, as diversas artes marciais e até mesmo a cozinha.

82. Fumai Matsudaira (sem outras referências).

83. *Okesa* – em sânscrito, *kasaya*. Manto sagrado usado pelos monges budistas, chamado de roupa de Buda. Pode ser de cinco, sete, nove ou mais tiras de tecido, cada qual feita de dois ou mais pedaços pequenos, unidas por meio de um tipo de costura especial parecendo pesponto ou ponto atrás.

84. *Arakan* – em sânscrito, *arhat*; em páli, *arahat*. É uma pessoa que mediante a vida religiosa atingiu o estado de iluminação mais elevado, segundo a tradição Theravada. Também significa "digno de receber respeito". Na China era chamado de "quem não tem mais nada a aprender", tendo atingido a

prática perfeita; "destruidor de bandidos", em relação aos bandidos da mente como delusões de pensamento e desejos; "não renascerá", pois tendo atingido o nível mais elevado não transmigra nos seis mundos, tendo eliminado os influxos cármicos que produzem os renascimentos; e "merecedor de receber ofertas", que também é um dos títulos honoríficos de Buda. Muitas vezes aparece como sinônimo de Buda. Com o desenvolvimento do budismo Mahayana, passou a significar quase que exclusivamente um praticante superior do segmento Hinayana (Theravada).

85. *Shojin* – em sânscrito, *virya*. De acordo com os textos antigos é a função mental que permite a alguém perseverar diligentemente na doutrina correta enquanto se afasta de todas as doutrinas falsas. Em épocas mais recentes passou a significar diligência, assiduidade, constância, devoção e até mesmo abstinência. É uma das Seis Paramitas: *dana* – doação, *sila* – preceitos, *ksanti* – paciência, *virya* – assiduidade, *dhyana* – meditação e *prajna* – sabedoria. São as seis espécies de prática dos Bodisatvas.

86. Junkyo Oishi – monja budista, poetisa, escritora e pintora do século passado.

87. Gueixa – literalmente "pessoa de arte". Indica as mulheres que, depois de um precoce, longo e severo aprendizado de *maiko*, iniciado na pré-adolescência em uma comunidade rigorosamente feminina, aprendem a arte de entreter por meio da conversa, do canto, da música, da dança e da cerimônia do chá. Atualmente, a idade média das gueixas tradicionais supera os quarenta anos. Seus bairros mais famosos e exclusivos são Gion em Quioto e Akasaka em Tóquio. As gueixas não eram necessariamente prostitutas. Algumas

vezes se tornavam amantes de um protetor ou patrono, como no caso da história contada pela autora. No entanto, estavam proibidas de casar-se com eles, segundo uma convenção quase monástica, embora fossem laicas.

88. *Mahaparinirvana Sutra* – em japonês, *Daihatsu Nehan-gyo*. O último sermão de Shakyamuni Buda.

89. Hachi Dainin Gaku – título do último legado escrito do mestre Dogen (datado de janeiro de 1253). Os *oito aspectos da iluminação*: 1. livre da ganância 2. capacidade de ficar satisfeito 3. quietude 4. diligência 5. memória correta 6. *samadhi* (meditação profunda) 7. sabedoria 8. evitar discussões à toa.

90. Entei Tomomatsu – professor e pesquisador budista.

91. Yaeko Nogami (1885-1985) – escritora contemporânea, novelista cuja obra aborda temas de moralidade e ativismo social.

92. Hajime Tanabe (1885-1962) – filósofo, desenvolveu sua própria teoria filosófica baseada na lógica das espécies.

93. Kazuyoshi Kino – professor e pesquisador de budismo.

94. Nakatsugawa – cidade a sudeste do Japão, na província de Gifu.

95. Genshu Watanabe – antigo abade superior do mosteiro-sede da ordem Soto do Japão.

96. Michio Mado – poeta nascido em 1909, erudito e autor de literatura infantil.

97. Shojin Haramitsu – uma das Seis Paramitas. A diligência que leva à outra margem. Ver nota 85.

98. *Kotatsu* – aquecedor em forma de mesa com coberta, originário do período Muromachi (1333-1568).

99. Hakuin Ekaku (1685-1768) – monge restaurador do grupo Rinzai, deixou muitos livros.

100. Shosan – realizado em datas fixas no calendário de prática dos mosteiros e durante as cerimônias especiais de Transmissão dos Preceitos Budistas (Jukai). Tem um formato de "pergunta e resposta" dos alunos para o mestre, em voz alta e em público, seguindo um ritual específico. O mestre faz uma pequena e curta palestra e abre para perguntas das pessoas em treinamento. As "perguntas e respostas" têm um ritmo ágil, breve e incisivo, para que possam ser mais bem impressas na mente.

101. *Choka Fuguin* – leitura de sutras pela manhã.

102. Sen no Rikyu (1522-1591) – fundador da escola Sen de cerimônia do chá, que utiliza objetos simples e naturais, bem como salas de chá pequenas, parecendo cabanas pobres nas montanhas. Pregava a simplicidade na vida diária. Teve grande influência sobre os senhores feudais e acabou cometendo suicídio, a mando do senhor a quem servia.

103. Unmon Bun'en (864-949) – em chinês, Yüm mên Wên yen. Fundador da Escola Unmom de budismo, na China, que acabou desaparecendo. Foi protagonista do caso 21 do *Mumonkan* (Barreira do Portal sem Portas). Alguém perguntou: O que é Buda? E mestre Unmom respondeu: *Kanshiketsu* (espátula de limpar fezes).

104. Yoshio Toi – monge e professor contemporâneo, do budismo da Terra Pura.

105. Isan e Gyozan – Isan Reiyu (771-853) – fundador do secto Isan do zen-budismo chinês, discípulo herdeiro de Hyakujo Zenji (ver nota 75). Gyozan Ejaku (803-887) era discípulo de mestre Isan. O mestre usou essa expressão *kosho* é *kohyo* e *teisho* é *teihyo* (lugar alto apenas alto, lugar baixo apenas baixo) para demonstrar que realidade e eventos não se diferenciam no Buda do assim como é.

106. Setcho Juken (980-1052) – escreveu os versos dos *Anais do penhasco azul* (*Hekigan Roku* – ver nota 10), colecionando 100 casos de eventos antigos e adicionando versos a eles.

107. Monte Ikuo – famoso local de mosteiro na China antiga visitado em 1168 por mestre Eisai (1141-1215), juntamente com a Montanha Tendai. Mestre Eisai é o fundador do secto Rinzai Zen no Japão.

108. "Fushukuhan-po" – "Maneiras corretas ao comer" – capítulo escrito por mestre Dogen sobre o comportamento correto dos monges ao se alimentar, detalhando o uso das tigelas, dos talheres, dos guardanapos e mesmo da postura física ao levar o alimento à boca.

109. "Senjo" – literalmente "lavando e purificando" – título do capítulo 54 do *Shobogenzo* de mestre Dogen, instruindo os monges sobre a limpeza pessoal, com muitos detalhes.

110. "Senmen" – literalmente "lavando o rosto" – título do capítulo 50 do *Shobogenzo*.

111. Shinshu – refere-se à Província de Nagano, situada na área central da ilha principal do Japão, famosa por montanhas altas e temperatura mais baixa e seca do que as províncias vizinhas, por estar distante do mar.

112. Cerimônia do chá – o costume de beber chá para se manter alerta durante a meditação budista parece ter sido introduzido na China pelo monge Bodhidharma e chegou ao Japão no século VIII. No século XV os aristocratas japoneses já haviam transformado o ritual num exibicionismo de riquezas e luxos. É quando o monge Shuko Murata resgata o verdadeiro sentido da cerimônia, insistindo que, tendo menos, se percebe melhor. Ressurge a ética e a estética do *wabi* (pobreza e austeridade). Os mestres Taken Joo e Sem no

Rikyu o seguiram e deram continuidade à simplicidade de beber uma chávena de chá. O chá utilizado é de folhas maceradas e seu pó é batido com um pedaço de bambu apropriadamente cortado para tal. Em silêncio, os participantes ficam alertas aos movimentos, sons, fragrâncias e vários elementos dispostos pelo anfitrião para o bem-estar dos convidados. No início era praticado apenas pelos aristocratas e samurais. Hoje as mulheres são o maior número de praticantes das várias tradições existentes, porém, o responsável, líder de cada tradição, continua sendo um homem, que obrigatoriamente deve passar por treinamento Zen formal em mosteiros rigorosos para poder assumir tal posição.

113. Mitsuo Aida – poetisa.

114. Ashikaga – cidade ao noroeste da Província de Tochigi, na ilha central.

115. Toru Matsui – professor de budismo.

116. Jizo – em sânscrito Ksitigarbha. Literalmente "útero da terra". Um dos mais populares Bodisatvas do budismo japonês, geralmente representado como um monge, fez o voto de beneficiar e ajudar todos os seres em sofrimento. Tem sido objeto de veneração desde o período Heian (794-1185). Há um sincretismo com divindades nativas. É visto como salvador de crianças e dos que sofrem nos infernos. Suas imagens são também colocadas em túmulos e em locais nas estradas onde houve morte por acidente.

117. Issa Kobayasbi (1763-1827) – poeta famoso pelos seus *haiku*, poemas curtos e simples. *Issa* significa "chávena de chá" e era seu nome literário.

118. Obon – Festival de Obon – Urabon-e – tradição budista que honra os espíritos dos ancestrais. Tradicionalmente é realizado de 13 a 15 de julho e em algumas partes de 13 a 15 de

agosto. É, no Japão, a época do ano em que todos os familiares se reúnem para honrar os ancestrais. Segundo a tradição budista, originou-se na Índia, como descrito no texto.

119. *Haiku* – breve composição poética tradicional japonesa, composta por três versos de cinco, sete e cinco sílabas. Sua inspiração é ditada muitas vezes por aspectos da Natureza ou da existência cotidiana. Exprime estados de ânimo e tem sido desenvolvido e usado por praticantes zen-budistas, tanto leigos como monges. No Japão, compor versos é até hoje uma atividade nacional praticada por todas as classes sociais: das pessoas comuns à família imperial. Um "canto da poesia" costuma estar sempre presente nas páginas de muitos jornais e revistas, abertos a qualquer leitor. O imperador, por sua vez autor de *haiku* (recentemente recolhidos em um livro, do qual existe uma tradução para o inglês), organiza todo ano um concurso nacional com determinado tema, que é mencionado neste livro pela abadessa Aoyama.

120. Mokuren Sonja – discípulo de Shakyamuni Buda que possuía poderes extrassensoriais. Ele teria notado que sua mãe sofria após a morte e pediu a Buda uma solução. Este recomendou que após os três meses de prática intensiva que os monges faziam todos os anos na Índia, em local fechado por causa das chuvas, fosse feito um altar com muitas oferendas e preces para libertar todos os seres do sofrimento. Segundo os sutras, após essa cerimônia, Mokuren Sonja viu novamente sua mãe morta, mas desta vez alegre, sem sofrimentos. Teria assim surgido a cerimônia que até hoje se faz nos templos budistas anualmente para o bem de todos os que já faleceram.

121. Kami Sama – a *miyamairi*. Kami Sama é o termo usado para se referir ao Divino na religião xintoísta; *miyamairi* é o cos-

tume de levar o recém-nascido (20, 30, 50 até 100 dias) a um templo xintoísta para desejar um bom relacionamento e aceitação junto à comunidade.

122. Sumita Oyama – poeta de *haiku* de Matsuyama, em Shikoku (sul do Japão).

123. Akegarasu Haya – monge e professor budista.

124. Shariraimon e Hannya Shingyo – duas das preces mais comuns nos templos Zen.

125. *Mokugyo* – literalmente "peixe de madeira" – instrumento de percussão para acompanhar a leitura de sutras, feito de uma só peça de madeira entalhada em forma de peixe com dois dragões e uma joia.

126. *Mochi* – bolinho de arroz cozido em banho-maria e batido em um pilão, feito para cerimônias especiais, como uma das delícias da mesa japonesa. Servido no Ano-Novo, casamentos, nascimentos, cerimônias comemorativas em geral.

127. Tokuzan Senkan (782-865) – mestre Zen da China (*zenji*), que deixou muitos discípulos. *Zenji* literalmente significa "mestre Zen" e só é usado no Japão para os abades dos mosteiros-sede. Outros monges de alto nível são chamados de Roshi, velho mestre.

128. *Kongo-kyo* – *Sutra do Diamante*.

129. Aichi Senmon Nisodo – Mosteiro Especial de Treinamento de Monjas de Aichi. É o maior mosteiro de treinamento para monjas da tradição Soto Shu no Japão, localizado na cidade de Nagoia. Recebe noviças do mundo todo e tem sido dirigido pela abadessa Shundo Aoyama, autora deste livro, nos últimos 20 anos.

130. Komazawa – Universidade de Komazawa, universidade privada localizada no bairro de Setagaya, em Tóquio, fun-

dada em 1926. Tem sua origem em Sendarim, instituição educacional da tradição Soto do zen-budismo. Objetiva educar de acordo com os valores do Zen. As faculdades incluem Estudos Budistas, Artes e Ciências, Ciência Econômica, Direito e Administração de Empresas.

131. Mestre Rennyo (1415-1499) – Kenju Rennyo, monge budista do templo Honganji da tradição Shinshu (Verdadeira Terra Pura), é o segundo da linhagem depois do fundador Shinran Shonin.

132. Tendo Nyojo (1163-1228) – Mestre de Transmissão de mestre Eihei Dogen, abade superior do Mosteiro de Tendozan.

133. *Zuimonki* – abreviação de *Shobogenzo Zuimonki* em seis capítulos. É uma coleção de palestras do mestre Dogen compiladas pelo seu primeiro discípulo, Koun Ejo (1198-1280).

134. *Ro* – braseiro embutido usado de novembro a abril (época mais fria), geralmente construído nas salas de chá. Fica numa abertura abaixo do tatame e lá são colocados os carvões que acesos aquecem a água para a cerimônia do chá.

135. *Shoyo Roku* – texto zen-budista em seis capítulos no qual o monge chinês Bansho Gyoshu (1166-1246) deu sua opinião sobre os cem comentários versificados de Wanshi Shokaku (1091-1157).

136. Hannyatara Sonja – monge indiano do século VI, 27º na linhagem de Shakyamuni Buda e professor do famoso Bodhidharma, que levou os ensinamentos da Índia para a China no século VI.

137. Sontoku Ninomiya (1787-1856) – agrotecnólogo e filósofo.

138. Mestre Zen Daichi – nome póstumo do mestre Zen chinês Hyakujo Ekai (749-814).

139. Yomi – relacionado com a crença do pós-vida. Yomi no Kuni é chamada a Terra da Escuridão, a passagem após a vida.

140. Katsuichiro Kamei (1907-1966) – crítico literário profundamente envolvido na cultura tradicional japonesa.

141. Ganshin Washo (688-763) – monge chinês que introduziu a Escola Budista Ritsu (Preceitos) no Japão. Em 742 aceitou convite para ir ao Japão, fez várias tentativas frustradas e só conseguiu chegar em 754, com 66 anos de idade e completamente cego. Mesmo assim ergueu em Todaiji a plataforma de ordenação.

142. Basho (1644-1694) – poeta, escritor e pintor. Nome completo Matsuo Basho, que significa literalmente "planta de bananeira". Aperfeiçoou a arte do haicai. Era praticante zen-budista que viajava por todo o Japão. Deixou mais de dois mil alunos e sua influência chega até hoje. *Haiku* é um verso de 17 sílabas, consistindo de três unidades métricas de 5-7-5 sílabas respectivamente. Uma das formas mais importantes de poesia japonesa tradicional, continua popular no Japão e também em outros países. Haicai é uma forma mais livre de associar 5-7-5 sílabas e também 7-7 sílabas, chamado de renga, ou verso ligado, que se originou como uma diversão para os poetas. Basho foi responsável por estabelecer o haicai como verdadeira forma de poesia.

143. *Jihi* – compaixão. *Ji* (*maitri*), "dar felicidade" e *hi* (*karuna*), "salvar seres do sofrimento".

144. Ryokan (1758-1831) – monge, poeta e calígrafo, famoso por sua simplicidade e humor.

145. Shugendo – ordem religiosa de práticas ascéticas nas montanhas para obter poderes beneficiais à comunidade. Une elementos pré-budistas com budismo esotérico. Por volta do

período Heian (794-1185) os praticantes solitários começam a se organizar em grupos.

146. Quimono – vestuário típico japonês feito em forma de vestimenta até os pés, sem botões, que é presa ao corpo traspassando o lado esquerdo sobre o direito e então colocando-se uma fita de tecido para amarrar, e sobre ela um cinturão grosso chamado *obi*. São igualmente usados por todas as pessoas, tendo características especiais de estilo masculino ou feminino. Há os comuns e os de cerimônias especiais. Os monges usam apenas quimonos de cor lisa e neutra sob outras peças de tecido de cores escuras e sóbrias.

147. *Obi* – cinturão usado para manter o quimono fechado, feito de tecido forte e grosso, enrolado várias vezes na região da cintura e preso com um nó do próprio tecido. Monges usam *obis* sóbrios, de cor lisa e fechados de maneira simples. Leigos usam *obis* de várias espécies e cores. Para as mulheres são confeccionados *obis* com desenhos e várias cores de acordo com a idade, estação e momento de uso.

148. Eiheiji Betsuin – filial do Mosteiro-Sede de Eiheiji, espalhados pelo Japão e pelo mundo.

149. Gogo-an – nome do pequeno templo de montanha onde morava o monge Ryokan.

150. Ryoun Obora Roshi – monge e professor da tradição Soto zen-budista do século XIX. Roshi é título dado a professores de nível superior em treinamento budista.

151. *Kotatsu* – aquecedor japonês em forma de mesa sob a qual se prende um gerador elétrico de calor. A mesa é coberta por um tecido acolchoado grosso, que mantém a temperatura aquecida. As pessoas sentam-se à mesa e colocam as pernas e os pés sob a coberta.

152. *Samue* – vestuário típico de monges, usado para o trabalho cotidiano nos mosteiros, composto de duas peças, sendo a inferior um tipo de calça presa nos tornozelos por elástico ou fita de tecido.
153. *Koan* – literalmente "édito governamental", nota pública afixada pelo governo. Atualmente significa ditos ou perguntas e respostas de mestres Zen que são dados aos monges e leigos praticantes a fim de guiá-los à iluminação.
154. Torre Kokaku – uma das edificações do Mosteiro-Sede de Eiheiji, em Fukui.
155. Jukai – Cerimônia de Transmissão dos Preceitos Budistas, quando alguém se compromete a seguir sua vida de acordo com os ensinamentos de Shakyamuni Buda, em cerimônia pública autenticada por um professor de Preceitos. Na tradição Soto Zen, seguindo as instruções do monge fundador, mestre Eihei Dogen, essa cerimônia é composta de Arrependimento pelo carma negativo, Refúgio nos Três Tesouros (Buda, Darma e Sangha), Três Preceitos Puros (nunca fazer o mal, sempre fazer o bem, sempre fazer o bem a todos os seres) e os Dez Graves Preceitos (não matar, não roubar, não abusar da sexualidade, não mentir, não negociar intoxicantes, não falar dos erros alheios, não se elevar nem rebaixar os outros, não ser movido pela ganância, não ser movido pela raiva, não falar mal dos Três Tesouros budistas). A cerimônia exige que o professor tenha sido devidamente autorizado pelos superiores da ordem e que o aluno tenha estudado, compreendido e aceitado de livre e espontânea vontade fazer esses votos. No final são recitados os Quatro Votos de um Bodisatva. Em algumas cerimônias também são lidos os 48 Preceitos Menores. Quando a cerimônia é feita para entra-

da na ordem monástica é chamada de Shukke Tokudo (literalmente "caminho de mérito de sair da família").

156. *Guetas* – sandálias de plataforma de madeira com dois suportes transversais, originárias do uso nas plantações desde 300 a.C. Têm sido tradicionalmente usadas por monges e monjas. Nesse caso a tira que prende entre os dedos é branca. A de leigos usualmente é preta ou colorida.

157. Antaiji ou Antai-ji – Templo da Tranquilidade e da Paz, mosteiro masculino da tradição Soto Zen, em Quioto, Japão, famoso pelo rigor e ascetismo da prática de *zazen* e da mendicância, seguindo a disciplina severa das regras monásticas. Muitas pessoas de origem não japonesa frequentam as sessões de *zazen* e os retiros silenciosos de Antaiji.

158. *Han* – instrumento usado nos mosteiros, feito de uma placa maciça de madeira na qual se bate com um martelo também de madeira. O do texto se refere a um *han* colocado na entrada dos mosteiros. Visitantes ou novos monges tocam ao chegar para chamar o responsável pelos hóspedes.

159. *Kaishaku* – dois pedaços de madeira que são usados batendo-se um contra o outro para sinalizar o início e o fim das refeições, bem como nas cerimônias religiosas para anunciar a todos quando repetir as palavras do mestre.

160. Missô – pasta de soja fermentada usada para temperar alimentos, sendo a mais conhecida a sopa de missô (*misoshiro*, em japonês).

161. *Kyosaku* – "espada da sabedoria": bastão de madeira de cerca de um metro de comprimento, com o qual o praticante é advertido, corrigido ou estimulado durante o *zazen*.

162. Rinzai Shu – secto Zen Rinzai, fundado pelo monge chinês Rinzai Gigen (falecido em 867). Seus ensinamentos foram transmitidos ao Japão pelo monge Eisai (1141-1215).

163. *Kokoro* – coração. É um dos valores educacionais mais realçados no Japão. A pessoa que tem *kokoro* é sensível a tudo à sua volta, sabendo agir com gentileza, preocupa-se com o próximo e cuida de todos os seres com respeito e ternura, sendo o oposto de *waga mama*, "egoísta".

164. Imperatriz Komyo (701-760) – primeira pessoa de sangue não aristocrático a assumir o cargo de imperatriz.

165. Yuichi Aizu – em 1951 recebeu o prêmio Yomiuri de literatura pela sua coleção de poemas *tanka* (poema curto de 31 sílabas divididas em 5 linhas 5-7-5-7-7).

166. Bato Kannon – Bodisatva da Compaixão, especialmente compaixão por animais.

167. Soetsu Yanagi (Ryu) – calígrafo.

168. Professor Keiichi Sakuma – famoso artista contemporâneo que fez as ilustrações do livro em japonês.

Texto composto na fonte Bernhard Modern
Impresso em papel Polén Soft 80gr na Assahi Gráfica.